JEUX

ET

RÉCRÉATIONS.

ILLUSTRÉ DE NOMBREUSES GRAVURES.

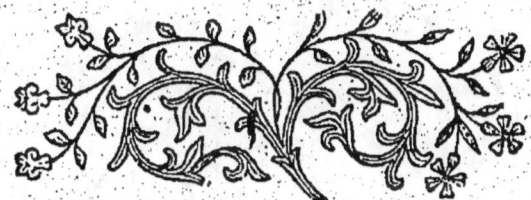

Société de Saint-Augustin,

DESCLÉE, DE BROUWER ET Cⁱᵉ.

1896

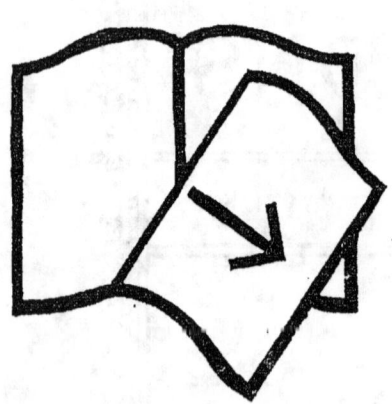

Couverture inférieure manquante

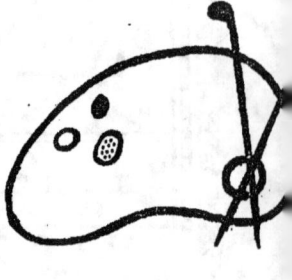

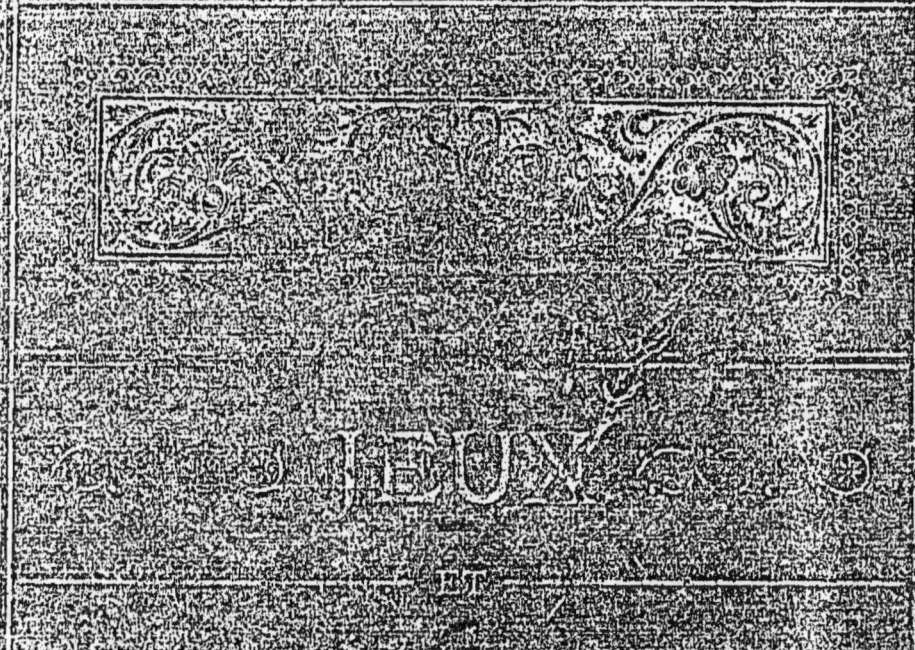

JEUX
ET
RÉCRÉATIONS

ILLUSTRÉ DE NOMBREUSES GRAVURES

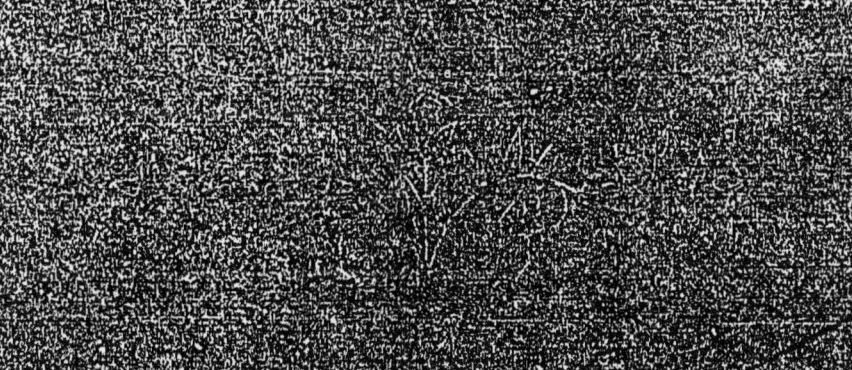

Société de Saint-Augustin

DESCLÉE DE BROUWER ET Cⁱᵉ

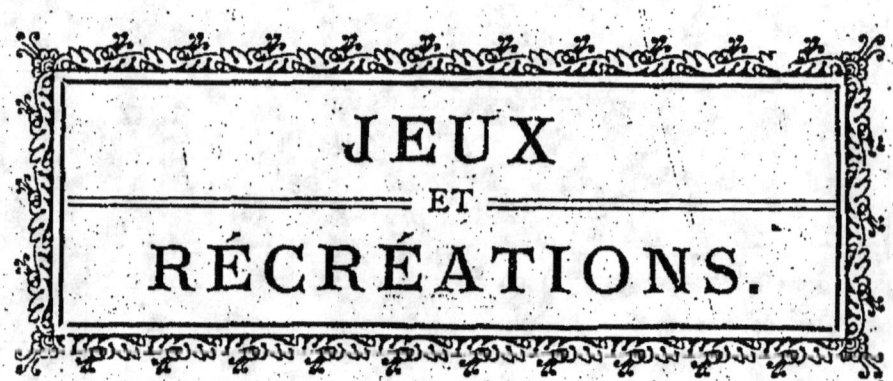

JEUX
ET
RÉCRÉATIONS.

10me SÉRIE.

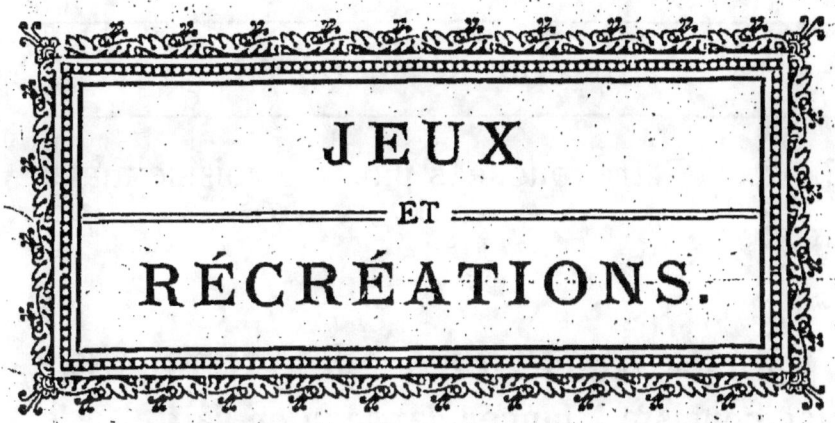

JEUX ET RÉCRÉATIONS.

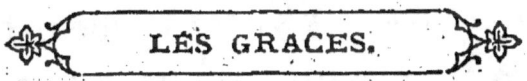

LES GRACES.

VOICI sans contredit un des jeux les plus anciens, les plus élégants, et en même temps les meilleurs comme exercice de gymnastique. Le matériel est simple ; toutes nos lectrices le connaissent.

Nous allons passer en revue quelques-uns des exercices que l'on exécute avec ces jouets. Notons, en passant, qu'ils peuvent être employés aussi bien pendant les chaudes journées de l'été que pendant l'hiver.

Les exercices se font sur place et en marchant.

Jeux sur place.

POUR les jeux sur place, les enfants se disposent à 1m30 au moins de distance, afin

d'éviter d'être touchées par une voisine maladroite.

Exercice fondamental. — Le premier exercice consiste à lancer l'anneau en l'air et à le
rattraper avec les deux baguettes.

L'anneau étant enfilé dans les deux baguettes croisées vers l'extrémité, l'avant-bras
formant angle droit avec le bras et celui-ci
étant rapproché du corps, l'anneau à hauteur
de la taille, on écarte vivement les bras en
les élevant un peu et on projette l'anneau en
l'air ; c'est le premier temps ; au deuxième,
on enfile l'anneau dans les baguettes croisées
de nouveau à leur extrémité. Afin d'obtenir
l'ensemble qui contribue à la beauté du jeu,
le signal de chaque mouvement pourra être
donné par une des joueuses.

Jeu par deux, avec un anneau. — Les
joueuses se font face par deux ; l'un des deux
rangs a déposé les anneaux. Au signal, celles
qui les ont conservés les lancent vers leurs
partenaires, qui les rattrapent pour les lancer
à leur tour, et ainsi de suite.

Jeu par deux, avec deux anneaux. — Lorsque les joueuses sont familiarisées avec le jeu précédent, elles en augmentent la difficulté et l'attrait en lançant à la fois un anneau de part et d'autre. Il faut alors de l'adresse et du coup d'œil pour éviter que les anneaux ne se rencontrent, et de l'agilité pour recevoir habilement celui que la partenaire vient de jeter.

Jeu par quatre, avec ensuite un anneau, puis avec deux anneaux, avec trois et enfin avec quatre anneaux.

Les enfants sont disposées comme pour le jeu précédent. La 1re lance l'anneau vers la 2e, celle-ci le reçoit, fait face à droite et le lance à la 3e, laquelle, à son tour, le projette vers la 4e, pour revenir ensuite à la 1re. Plus tard, les joueuses bien exercées prendront deux anneaux, puis trois et même quatre, ce qui rendra le jeu très animé.

En exigeant que la joueuse maladroite, qui aurait manqué l'anneau, reste dans la posture qu'elle aurait prise en voulant l'attraper, on rend le jeu fort divertissant. Les postures ne sont relevées que lorsque toutes les joueuses sauf une ont subi le même sort.

Jeu en triangle. — Les élèves sont disposées en triangles et lancent les cerceaux comme à l'exercice précédent. Le coup d'œil d'ensemble est très joli.

Jeu en cercle. — Les joueuses sont en cercle à la grande distance au moins ; à l'exception de la première, toutes déposent d'abord leurs cerceaux. La 1re, faisant face à gauche, lance son anneau à la 2e, qui le fait passer à la 3e, et ainsi de suite jusqu'à ce qu'il revienne au point de départ. Au deuxième tour, on ajoute l'anneau de la deuxième élève, qui commence par le lancer à la 3e, et immédiatement se retourne pour recevoir l'anneau de la 1re et le lancer de nouveau à la 3e, laquelle s'est débarrassée du précédent en le projetant vers la 4e. Les deux anneaux continuent à circuler. Au troisième tour, on ajoute un troisième anneau ; et ainsi de suite jusqu'à ce que tous soient mis en jeu.

Ce jeu peut être varié, par exemple en ne recevant l'anneau qu'avec un seul bâton, mais les deux bâtons sont nécessaires pour le projeter.

Jeux en marchant.

Marche ordinaire. — En marchant sur une, sur deux, ou sur un plus grand nombre de files, les enfants peuvent lancer le cerceau et le ressaisir en cadence. La difficulté sera augmentée en modifiant la marche ; en exécutant, par exemple, la marche gymnastique, la marche avec à fond, etc.

Pas de polka. — Pendant les trois premiers temps, l'élève jette l'anneau et le reprend ; elle fait de même pendant les 3 temps suivants et ainsi de suite.

Pas en 4 temps. — Pendant les 2 premiers temps vers la gauche, l'élève conserve la position ordinaire qui consiste à tenir, à la hauteur de la taille, l'anneau enfilé à l'extrémité des baguettes ; pendant les 2 temps suivants (toujours vers la gauche), l'élève lance l'anneau et le reprend. L'exercice se répète ensuite à droite. On peut varier en exécutant plusieurs fois le pas sans se servir des cerceaux.

Jeu avec quart et demi-tour en marchant.
— Les joueuses, placées par deux, marchent quatre ou six pas, se font face par 2 et se jettent simultanément les anneaux ; à une nouvelle série de quatre ou six pas, succède un nouveau jet des anneaux et ainsi de suite.

Les variantes sont nombreuses ; en voici une pour servir d'exemple. On exécute une première fois l'exercice en se faisant face par deux comme ci-dessus, puis, après la seconde série de quatre pas, les rangs impairs faisant demi-tour lancent l'anneau aux joueuses des rangs pairs et réciproquement. La marche est reprise en avant et le jeu continue avec la même alternance de quarts de tours et de demi-tours.

Jeu des camps. — Les joueuses étant disposées en deux camps séparés par une distance d'au moins quatre mètres, l'un des camps lance tous ses anneaux à l'autre, — qui, au préalable, a déposé les siens, — chaque élève visant celle qui lui fait face ; cette dernière le lui renvoie et ainsi de suite. Le jeu continue jusqu'à ce que tous les anneaux soient tombés dans l'espace qui sépare les deux camps.

Ce jeu peut aussi s'exécuter en laissant les anneaux aux deux camps ; la distance qui sépare les partis est alors partagée également par une ligne parallèle à celle de chaque camp. Ces espaces sont destinés à recevoir les anneaux perdus par l'un ou l'autre groupe. Lorsqu'il ne reste plus d'anneaux pour jouer, chaque chef de file compte ceux qui sont perdus dans l'allée proche de son camp ; le groupe qui en a le plus est proclamé vainqueur, car ils proviennent de l'autre groupe qui les a mal lancés.

Bien d'autres combinaisons peuvent s'exécuter avec le jeu des grâces ; c'est à l'imagination des joueuses de les varier.

LE COMTE DE PENSATHOUX.

PENSATHOUX, Marseillais de naissance, et Michaély, né sur les bords du Tibre, se rencontrèrent un matin sur la route de Nancy à Lunéville. Ils avaient tous les deux la bourse vide et l'estomac creux, et cheminaient tristement, livrés l'un et l'autre aux mêmes préoccupations : où trouveraient-ils le couvert et le gîte ? Pensathoux, qui avait oublié depuis longtemps que le travail est la source du bonheur et du bien-être, vivait d'expédients ; et, ce matin-là, il se creusait la tête pour en faire sortir un nouveau.

Michaély n'avait plus qu'un désir : quitter la France, où il était venu chercher fortune et où il n'avait trouvé qu'ennuis et déceptions ; mais il fallait gagner Pérouse... Nos voyageurs s'abordèrent et se contèrent leurs infortunes, Pensathoux, dans le style imagé des méridionaux, Michaély, avec une volubilité non moins éloquente.

— L'union fait la force, dit Pensathoux avec emphase. J'ai mon projet pour aujourd'hui ; si vous voulez m'aider, je vous promets un déjeuner convenable et un souper succulent. Ce clocher que j'aperçois nous indique la proximité d'un village ; c'est là qu'il faut nous arrêter ; ses paisibles habitants rempliront nos bourses et apprendront de nous la sagesse.

— Je ne suis pas un orateur, répondit

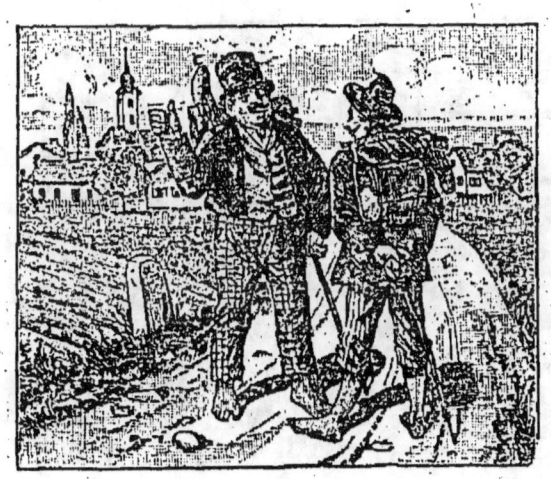

Michaély, avec un fort accent italien.

— Je le serai pour deux, répliqua Pensathoux.

— Mais alors quel sera mon rôle ?

— M'écouter et dire comme moi.

— Rien de plus facile.

— D'abord, faisons notre toilette afin de paraître avec tous nos avantages.

S'asseyant sur l'herbe, il détacha ses bottes de son havre-sac, où il les avait liées par mesure d'économie, et les enfila lestement en engageant Michaély à faire de même ; puis il secoua son habit, le boutonna jusqu'au cou, lissa son chapeau un peu défoncé, hélas ! et vraiment il n'avait pas trop mauvais air.

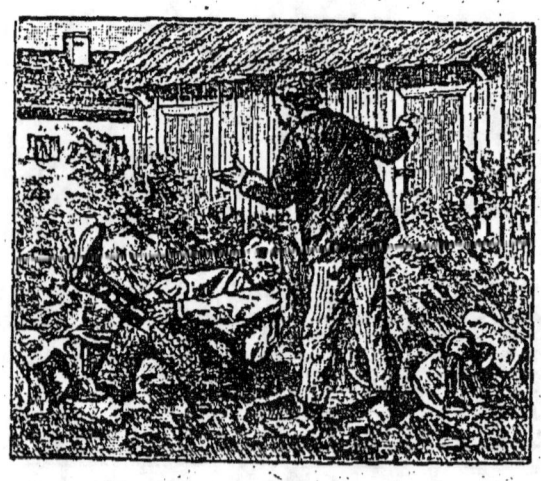

Quant à Michaély, sa mise était plus simple.

Évidemment, M. Pensathoux était le maître, et s'il décernait à son compagnon le titre de secrétaire, c'était pour le flatter. La toilette terminée, on examina les environs. Pensathoux avisa, près de la route, un bâtiment d'une certaine dimension qui semblait inhabité ; il constata qu'il avait deux portes sans qu'il existât de cloison intérieure.

« Parfait ! dit-il, voilà notre affaire. » Et se redressant, la main dans son habit et suivi de son secrétaire, il se dirigea vers l'auberge du lieu.

Il trouva l'hôtelier fumant tranquillement

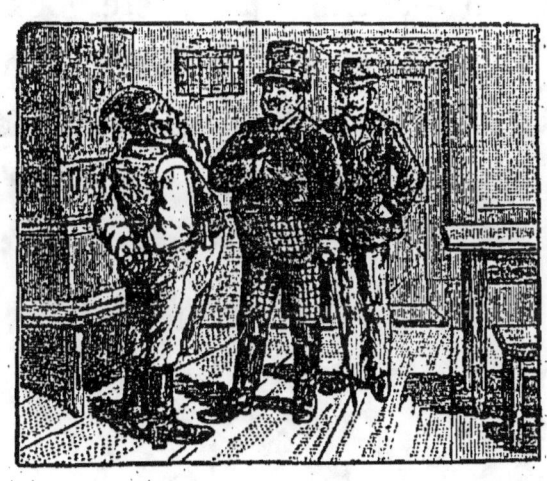

sa pipe, les mains derrière le dos et attendant les voyageurs. Allant droit à lui, Pensathoux déclina ses nom et prénoms en les faisant précéder d'un titre ronflant. Il expliqua qu'il était de passage à Richarville et qu'ami de l'humanité, il voulait faire profiter les habitants de cette localité d'un secret qu'il rapportait des Indes, et qui donnait, à tous ceux qui le connaissaient, la faculté de faire fortune en quinze jours.

— Dame ! dit l'hôtelier, ce secret-là vaut son pesant d'or.

— Vous l'avez dit, répondit Pensathoux ; mais pour le faire comprendre les paroles ne suffisent pas, il faut des expériences, pour lesquelles j'ai besoin d'un vaste local. J'ai aperçu là-bas, à l'entrée du village, un bâtiment qui, à défaut d'autre plus élégant, pourrait peut-être suffire ; est-il habité ?

— Non, monsieur le Comte, répondit l'hôtelier.

— A qui appartient-il ? J'en voudrais voir le propriétaire.

— Vous ne pouvez mieux tomber, il est à moi.

— Très bien... Je vous loue donc cette salle et je vous donnerai, si cela vous va, cent francs par soirée.

L'hôtelier, émerveillé de cette offre si inattendue, s'inclina jusqu'à terre.

— Ainsi, c'est arrêté ; mais il me faut 1° un rideau qui sépare la pièce en deux parties égales, 2º un luminaire convenable, 3º des serrures qui ferment bien, car les portes doivent être closes jusqu'à l'heure de la séance.

— Vous aurez tout cela, M. le Comte ; mais le plus pressé, ce me semble, serait de déjeuner, et si vous voulez passer avec M. votre secrétaire dans la pièce voisine, ma femme, renommée pour son talent culinaire, vous servira un bon repas.

— Je le ferai pour vous obliger, Monsieur ?... Monsieur ?...

— Franz, pour vous servir.

Pensathoux et Michaély déjeunèrent avec un appétit merveilleux. Il fallait prendre des forces pour mener à bonne fin la grande séance.

« Cela commence bien, » dit Machaély en absorbant sa dernière chope.

La séance du soir, « où tous les habitants de Richarville devaient apprendre le moyen infaillible de faire fortune en quinze jours, » avait été annoncée à grand renfort de tambours.

« Ce sont sans doute des farceurs, » disaient

quelques-uns des plus rusés; et cependant, personne ne voulait manquer à l'appel du comte de Pensathoux. Quant à lui, il ne restait pas inactif pendant que les langues des commères allaient leur train. Après avoir requis tous les bancs de l'école et fait tendre le rideau, qui se composait de quelques draps

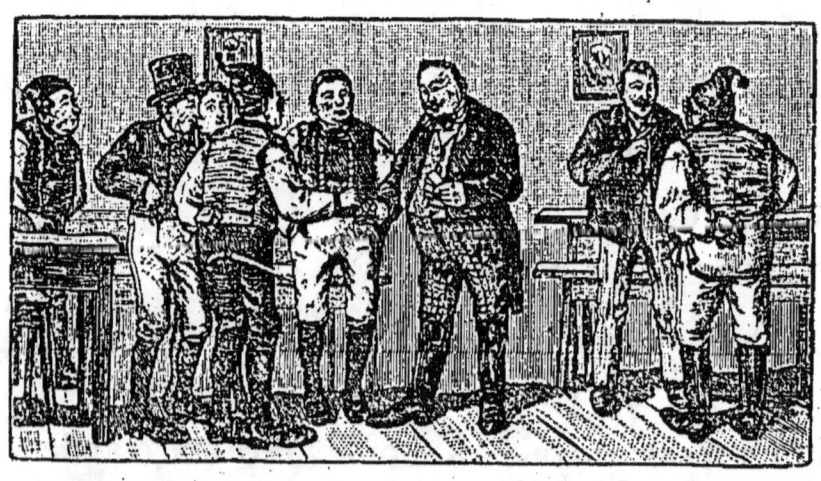

rapiécés, il ferma à clé les deux portes de son local et revint à l'auberge, où un grand nombre des habitants de Richarville se trouvaient réunis. C'étaient les personnages importants du village. Il daigna leur parler énigmatiquement du sujet qu'il allait traiter, et qui semblait convenir tout spécialement à une localité qui portait un nom prédestiné.

« Tenez, leur dit-il en tirant de sa poche de
petits carrés de carton sur lesquels étaient
écrits ces mots : *Place réservée*, vous serez
mieux pour tout voir en entrant par la porte
de gauche, et vous jugerez de la stupéfaction
générale au moment où le rideau sera levé ;
le prix de ces places de choix est de un franc. »

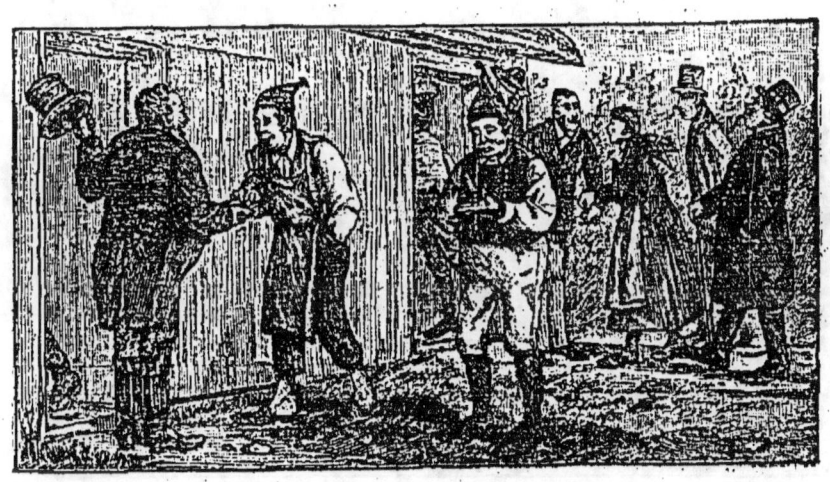

Pour le public, ce n'était que cinquante
centimes, que l'on payait à l'entrée.

Tout était prêt pour l'heure fixée. Le
comte de Pensathoux et son secrétaire
Michaély se tenaient à chaque porte, le chapeau à la main, percevant eux-mêmes le prix
des places, ce qui eût peut-être été considéré
comme un manque de dignité à Paris ou à

Bruxelles ; mais à Richarville les habitants sont simples, et ils trouvaient la chose toute naturelle. La foule arrivait empressée : les femmes, les jeunes filles, les cultivateurs, les ouvriers... et, pour clore la marche, M. le Maire s'avançait gravement, la pipe à la bouche et la canne à la main. Pendant que

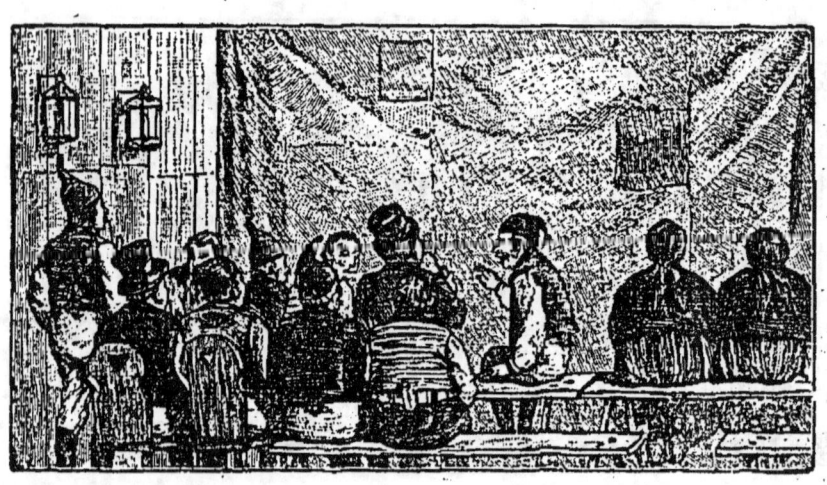

les privilégiés pénétraient dans l'enceinte réservée, et que le vulgaire s'entassait de l'autre côté, les conversations ne tarissaient pas. Quel pouvait être le secret du comte de Pensathoux ? Que ferait-on de cette fortune si vite gagnée ? Que de beaux projets ! que de châteaux en Espagne !

Mais où donc étaient le conférencier et son

secrétaire ? A droite, on pensait qu'ils étaient à gauche ; à gauche, on les croyait à droite. Erreur profonde ! Lorsque la salle fut pleine, Pensathoux et Michaély, restés au dehors, fermèrent les portes et, profitant du brouhaha intérieur des futurs auditeurs, donnèrent un tour de clé. Les Richarvillais étaient donc prisonniers.

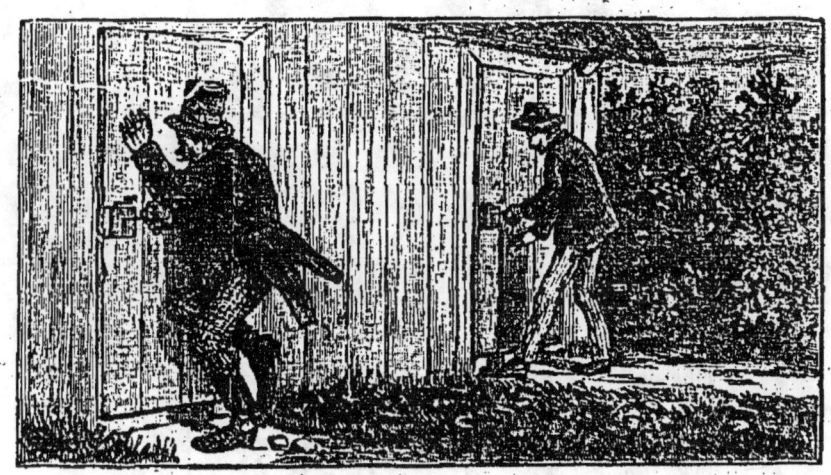

Un quart d'heure, une demi-heure se passent. « C'est trop longtemps nous faire attendre, s'écria le maire : Jean-Baptiste, ouvrez donc le rideau. »

Le jeune homme ainsi interpellé obéit à l'instant et souleva la toile.

Stupéfaction générale ! il ne se trouvait derrière le susdit rideau que d'autres Richar-

villais. « C'est une mystification ! s'écria le
maire indigné : rattrapons ces brigands et

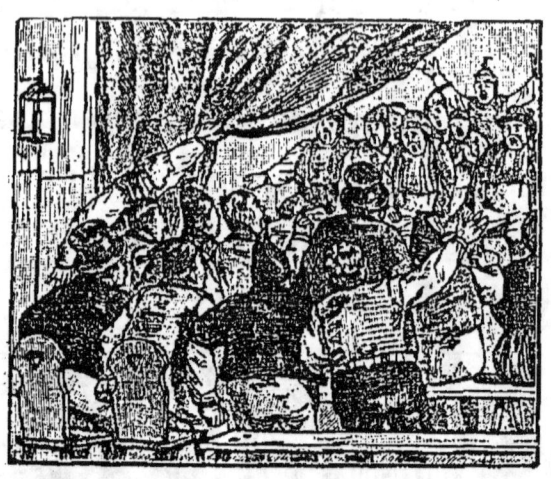

vengeons-nous ! » On courut aux portes : elles
étaient fermées. On exerça une violente

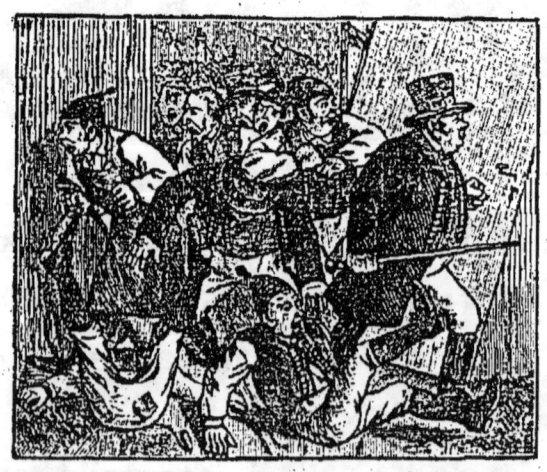

poussée sur l'une d'elles, qui céda ; alors le
maire, l'adjoint, tous les habitants se précipi-
tèrent, se bousculant, se culbutant, se pous-

sant dehors. On aperçut loin, très loin, dans la campagne, le comte de Pensathoux et son secrétaire qui s'enfuyaient à toutes jambes. Pas moyen de les atteindre ! Il n'y avait dans la commune ni gendarmes à cheval, ni bicyclistes, ni bureau télégraphique. Il fallut donc se résigner à la perte, non seulement des

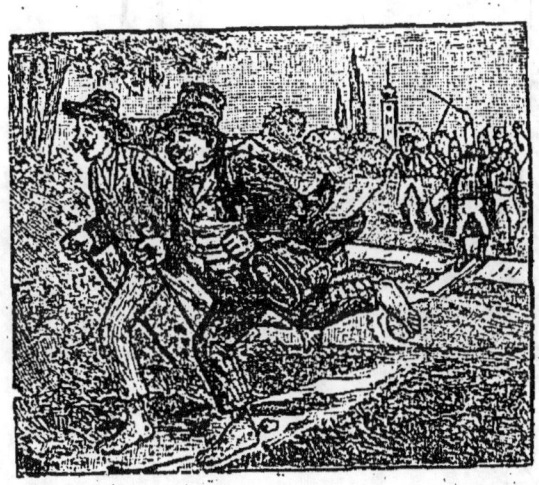

écus qu'emportaient les deux filous, mais encore des espérances dorées caressées pendant deux heures par les habitants de Richarville.

Depuis dix ans, à la veillée, on raconte l'histoire du Comte de Pensathoux, et l'on n'est pas loin de croire qu'il était tout simplement le diable déguisé. Villiam MANN.

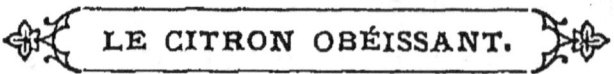

LE CITRON OBÉISSANT.

Vous présentez un citron que vous traversez de part en part par une ficelle.

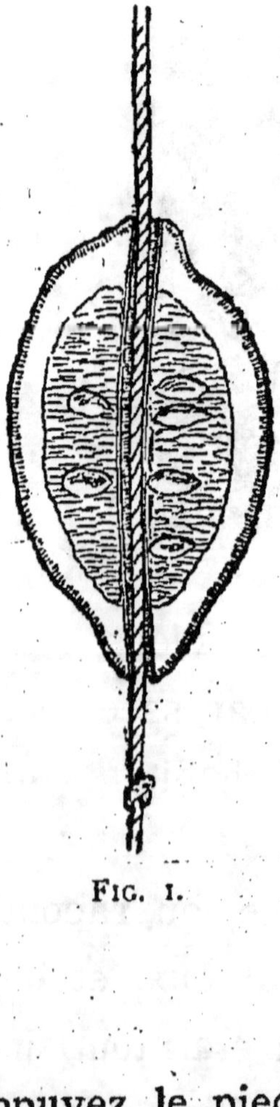

FIG. 1.

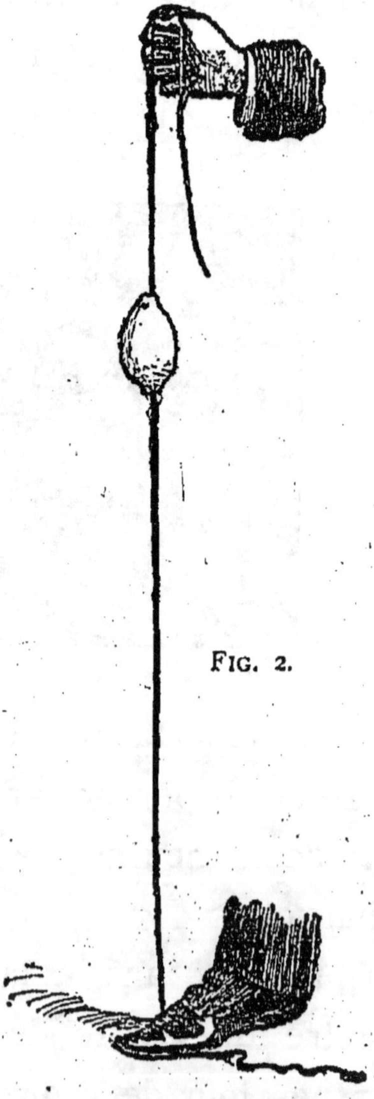

FIG. 2.

Appuyez le pied sur une des extrémités et tenez l'autre avec la main gauche.

De la main droite, vous maintenez le citron à la partie supérieure de la ficelle. Vous annoncez alors que, par suite du pouvoir que vous possédez, vous êtes arrivé à faire obéir le citron à votre commandement et que vous allez le démontrer.

Vous commencez par poser au citron cette question :

— Comment ferez-vous pour dire *oui* ?

Le citron descend et s'arrête au milieu de la ficelle.

Vous reprenez le citron et le maintenez de nouveau à l'extrémité supérieure ; vous l'abandonnez de la main droite ; le citron reste suspendu en haut.

Nouvelle question :

— Comment ferez-vous pour dire *non* ?

Le citron glisse vivement sur la ficelle et tombe à votre pied.

Vous adressant aux personnes qui vous entourent, vous demandez à l'une d'elles un chiffre peu élevé, par exemple inférieur à cinq ; vous demandez à une autre personne un second chiffre.

Supposons que l'on réponde 2 d'un côté et 5 de l'autre :

— C'est bien, dites-vous, je vais ordonner au citron de faire l'addition de ces deux chiffres.

Vous reprenez le citron et le remontez à l'extrémité supérieure. Puis vous dites :

— 2 d'une part et 5 de l'autre, donnez-moi le total ?

Le citron descend en sept fois, c'est-à-dire qu'il s'arrête six fois dans sa course.

Vous posez alors le citron et la ficelle sur une table ou une chaise. Ceci fait, vous prenez un jeu de cartes et priez une personne d'en choisir une.

Supposons qu'on ait tiré le huit de carreau. Reprenant le citron, vous lui posez ces questions :

— Est-ce un pique ?

Le citron tombe.

Vous remontez le citron.

— Est-ce un carreau ?

Le citron descend et s'arrête à moitié chemin. (Il est convenu en effet, comme je l'ai dit plus haut, que cela signifie *oui*.)

— Ah! c'est un carreau !

Vous remontez le citron :

— Dans les carreaux, nous avons des figures et des basses cartes... Est-ce une figure ?

Nouvelle chute du citron. Vous le remontez de nouveau.

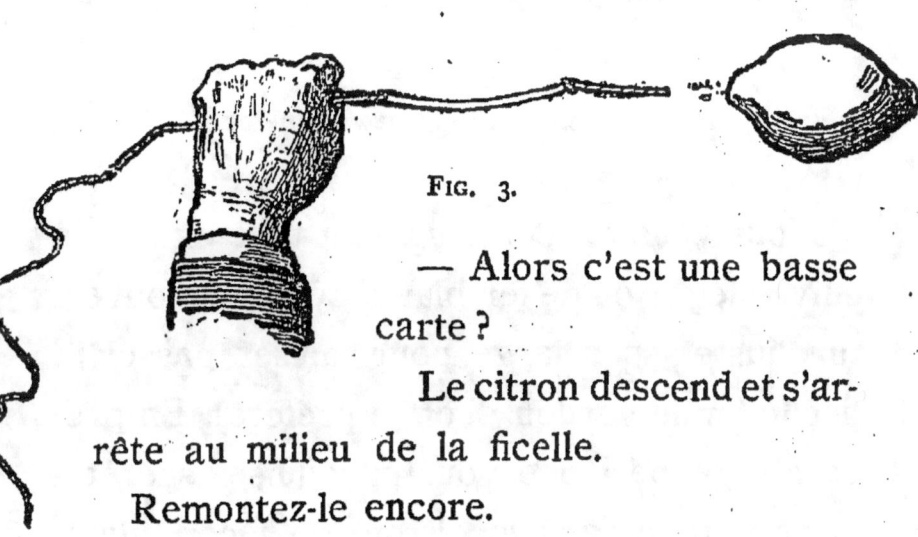

FIG. 3.

— Alors c'est une basse carte ?

Le citron descend et s'arrête au milieu de la ficelle.

Remontez-le encore.

— Indiquez-moi le nombre de points portés sur cette carte.

Le citron descend 8 fois, c'est-à-dire qu'il s'arrête 7 fois en route.

Demandez si c'est juste...

— C'est bien, c'est tout ce que je voulais savoir.

Vous prenez le citron de la main gauche, la ficelle de la main droite par le côté sur lequel le pied était appuyé, et enroulant vivement cette ficelle autour de la main, vous l'arrachez du citron et la posez le moins en vue possible des personnes qui assistent à l'expérience.

Vous prenez enfin un couteau, vous coupez le citron en deux et le montrez, pour prouver qu'il n'est pas préparé.

Explication et préparation du tour.

Vous vous procurez un petit tube cintré de cuivre léger ou de fer blanc, ayant une ouverture juste assez large pour laisser passer la ficelle (ou le cordon, si on le préfère). En préparant l'expérience, vous introduisez secrètement ce tube dans le citron, de façon que ni l'une ni l'autre des extrémités du tube ne dépasse le citron (fig. 1). Vous avez soin, en outre, de peindre ce tube d'une couleur pareille à la ficelle que vous employez.

Quant à la ficelle, elle aura 1 m. 20 de longueur ; elle sera terminée d'un côté par un nœud assez fort que l'on tiendra en haut ; l'autre partie sera attachée à un fil de fer de deux fois la longueur du citron, et assez *souple* pour qu'il puisse jouer le rôle d'une longue aiguille, qui, elle, n'aurait pas la souplesse nécessaire.

Ceci fait, vous présentez aux spectateurs le citron, sans toutefois le laisser visiter. Vous saisissez ensuite l'extrémité inférieure de la ficelle et l'introduisez, à l'aide du fil de fer, dans l'intérieur du tube qui est au milieu du citron. Vous avez ainsi traversé le citron de part en part.

Détachant alors le fil de fer, vous appuyez le pied sur l'extrémité de la ficelle où ce fil était attaché, et de la main gauche vous saisissez le nœud qui est à la partie supérieure de la ficelle. Il va de soi que, dans ces conditions, chaque fois que le citron se trouvera en haut, la ficelle, étant tendue, exercera, par la courbe qu'elle décrit à l'intérieur du citron, une pression sur le milieu de la partie cintrée. Cette pression sera suffisante pour l'arrêter dans sa course. Vous n'aurez donc qu'à tirer sur la ficelle ou la laisser lâche pour faire descendre ou arrêter le citron à volonté.

Le plus grand effet de ce tour se produit au moment où l'on coupe le citron pour prouver qu'il n'est pas préparé. Pour cela, vous n'avez,

comme il est expliqué dans la présentation du
tour, qu'à enrouler, par l'extrémité inférieure,
la ficelle sur la main droite jusqu'à ce que
celle-ci arrive à toucher le citron. Tirez brusquement (fig. 3). Le nœud qui se trouve à la
pointe supérieure, étant plus gros que le tube,
entraînera celui-ci. Le citron, se trouvant
libre de tout appareil, pourra être coupé par
le milieu et sans crainte que l'on voie le trou,
puisque la coupure suit une ligne droite, tandis
que le tube suivait une ligne courbe.   D.

En tournée préfectorale.

L E préfet de la Seine-Inférieure est en
    tournée de révision.

On lui présente, à Vasidon, le corps des
pompiers.

Il exprime sa satisfaction pour leur belle
tenue, et, désirant connaître le nom du capitaine, demande au maire :

— Et les pompiers ont à leur tête ?

— Un casque, Monsieur le préfet.

Fléchier et l'homme de cour.

LE célèbre orateur Fléchier, évêque de Nîmes, était le fils d'un fabricant de chandelles. Un homme de cour, tout fier de sa naissance, fit sentir à l'évêque de Nîmes qu'il était fort surpris qu'on l'eût tiré de la boutique de ses parents pour le placer sur le siège épiscopal. Fléchier, sortant à regret de sa simplicité et de sa modestie ordinaires, répondit à son interlocuteur : « Avec de tels sentiments et une aussi exquise politesse, Monsieur, il est probable que, si vous étiez né dans la même condition que moi, vous seriez encore fabricant de chandelles. » L'homme de cour, ainsi apostrophé, se garda bien désormais d'attaquer le digne et pieux évêque.

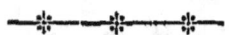

Le Jabot.

UN élève en médecine se présente à l'examen de la faculté avec une chemise à jabot qui faisait honneur à sa blanchisseuse. Le jabot sortait de son gilet avec un éclat incomparable, au point d'intriguer le professeur qui l'interrogeait. Dans le fait, le vieux professeur en était tout offusqué, et il pensa sur-le-champ qu'un pareil luxe ne devait pas appartenir à un récipiendiaire bien savant : « Monsieur, dit-il, pourriez-vous me dire ce que vous entendez par jabot ? » Le candidat troublé ouvre de grands yeux, les abaisse sur sa poitrine, regarde le professeur et rougit. « Allons, vous ne savez pas ce que c'est qu'un jabot ? — Eh bien ! Monsieur, c'est le troisième estomac d'un dindon. » En effet, ce mot désigne aussi une sorte de poche que possèdent quelques oiseaux.

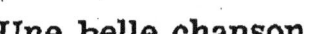

Une belle chanson.

UN pauvre voyageur, qui n'avait point de quoi payer, s'était fait servir à dîner dans une auberge. Lorsque l'hôte vint lui demander le paiement : — Je n'ai pas d'argent, lui dit-il, mais je possède une belle voix ; je vais vous chanter une chanson pour m'acquitter.

— De l'argent, Monsieur ; je ne me paie pas de chansons, répliqua l'aubergiste.

— Si cependant je vous en chante une qui vous fasse plaisir, ne me tiendrez-vous pas quitte ?

— Soit ; mais il faut qu'elle me plaise, dit l'hôte, bien résolu à ne rien trouver de son goût.

Là-dessus, le virtuose entonna plusieurs chansons : une romance, un refrain guerrier ; rien ne plut à l'aubergiste ; c'était un parti pris.

Enfin l'artiste tire une maigre bourse en disant : — Pour le coup, je vais vous chanter quelque chose qui vous plaira, j'en suis sûr, et il entonne de sa plus belle voix :

Allons ! amis, ne faisons point le sot,
Ouvrons la bourse, et payons notre écot.

— C'est ça ! c'est ça ! s'écria l'hôte tout transporté : voilà qui me plaît.

— Vous voilà donc payé, répond le chanteur avec une inclination des plus solennelles.

L'hôte ne put se fâcher, et laissa s'esquiver au plus vite le musicien, beaucoup plus riche en talent qu'en monnaie.

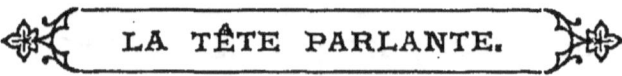

LA TÊTE PARLANTE.

L'OPÉRATEUR présente une tête en carton qu'il suspend à deux cordons dont les extrémités supérieures sont fixées au pla-

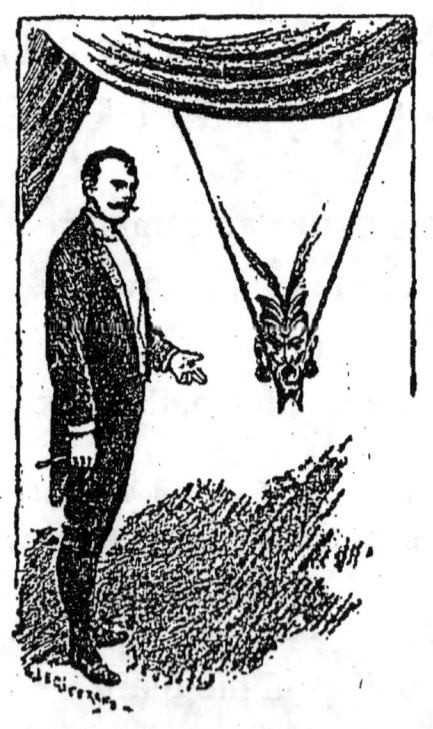

fond ; les extrémités inférieures, munies de tubes recourbés, entrent dans deux trous percés dans les oreilles de la tête.

Après l'avoir suspendue, le prestidigitateur prend un porte-voix, le place dans la bouche

de ce nouveau sphinx et demande aux spectateurs de lui indiquer un chiffre à voix basse,
chiffre que la tête annonce, la voix sortant du
porte-voix.

Explication.

Le cordon de suspension est un tube acous-

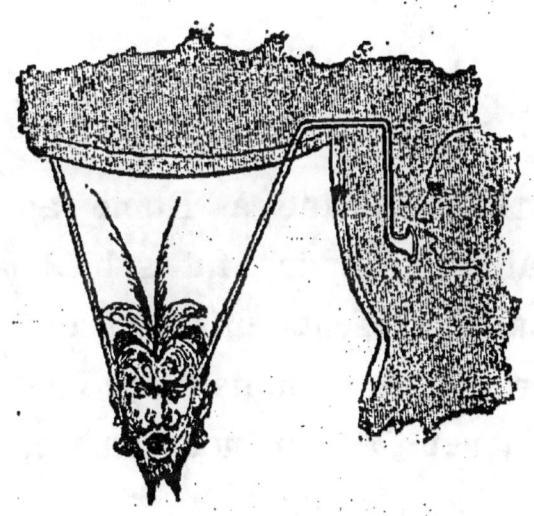

tique qui, partant de la coulisse, descend du
plafond et pénètre dans l'oreille de la tête
pour arriver jusqu'à la bouche, où se trouve
adapté le porte-voix.

Lorsque le spectateur indique un chiffre à
voix basse, l'opérateur le transmet au compère qui est dans la coulisse, en plaçant les

doigts de la main gauche dans des positions convenues.

Le compère prononce ce chiffre à l'extrémité du tube acoustique, et la voix, passant par ce tube, sort par l'ouverture du porte-voix, au grand étonnement du public qui entend cette tête parler.

D.

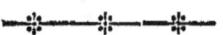

Les oiseaux parlants.

AUGUSTE, revenant à Rome après la bataille d'Actium, fut salué par un artisan qui lui présenta un corbeau à qui il avait appris à dire ces mots : « Je vous salue, César vainqueur. » Le prince, charmé, acheta cet oiseau six mille écus.

Un voisin jaloux alla dire à l'empereur que cet homme avait encore un autre corbeau qui disait des choses plaisantes. Auguste voulut le voir, et l'animal fit entendre ces mots : « Je vous salue, Antoine vainqueur. » L'artisan, homme prudent et sage, avait instruit cet autre oiseau en cas qu'Antoine fût triomphant. Auguste n'en témoigna aucune colère ; il ordonna seulement à cet homme de partager avec son voisin les six mille écus.

A l'exemple du corbeau, un perroquet fit à Auguste le même compliment, et fut acheté au poids de l'or. Une pie vint ensuite et rendit son formateur opulent. Enfin un pauvre cordonnier voulut aussi apprendre à un corbeau à faire cette salutation.

Il eut bien de la peine à y réussir : souvent il se désespérait et s'écriait dans une violente colère : « J'ai perdu mon temps et mes peines. » Il vint enfin à bout de son entreprise, courut aussitôt attendre Auguste sur son passage, et lui présenta le corbeau, qui répéta fort bien sa leçon ; mais le prince se contenta de dire : « J'ai assez de ces compliments-là dans mon palais. » Alors le corbeau, comme s'il eût eu l'instinct de cette déception, répéta soudain ce qu'il avait si souvent entendu dire à son maître : « J'ai perdu mon temps et mes peines. » Auguste se mit à rire et acheta cet oiseau plus cher que les autres.

JEAN-MARIE.

JEAN-MARIE aime peu ses livres de classe ;
en revanche, il aime beaucoup les *livres
d'histoire*.

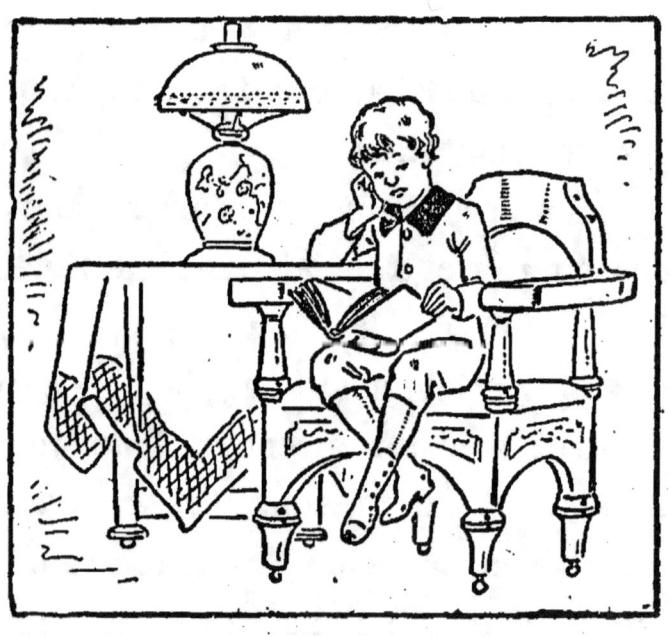

C'est en rechignant qu'il arrive à l'heure
des leçons se mettre au travail ; au contraire,
il passe les heures de récréation à lire tous
les livres de contes qu'il peut se procurer,
recherchant par-dessus tout les histoires fan-
tastiques d'ogres, de monstres et de croque-
mitaines.

Croyez-vous que Jean-Marie ne regrettera pas plus tard le temps perdu à ces lectures frivoles, dont il ne retire aucun fruit pour son éducation ?

Son défaut d'ailleurs porte déjà son châtiment. Je voudrais que vous puissiez voir notre

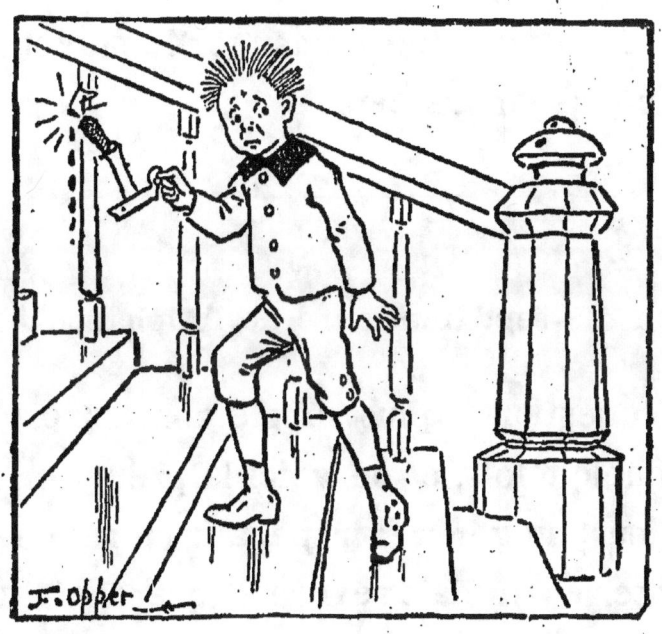

Jean-Marie, le soir, quand il gagne sa chambre et qu'il lui faut monter, tout seul, le grand escalier noir. Ses cheveux se hérissent, ses jambes flageolent et, sans raison aucune, il tremble de peur. Son imagination peuple les ombres qui l'entourent de tous les monstres qu'il a connus par ses lectures ; le moindre

bruit le remplit de terreur : il croit qu'un
loup-garou va venir le manger, ou qu'un bri-
gand veut le tuer. Dans son lit, quand il a
soufflé sa bougie, c'est pis encore : le pauvre
garçon est à moitié mort de peur. Ferait-il
pas mieux de renoncer à ses sottes lectures ?
C'est ce que je lui ai répondu l'autre jour
quand il est venu me demander le moyen de
n'avoir plus jamais peur.

La dix-septième lettre de l'Alphabet.

L A question la plus simple nous surprend
quelquefois, et en voici la preuve :

Un jour, un général inspectait un régiment
d'infanterie ; il était sévère et cherchait surtout à embarrasser les officiers par des questions imprévues. Le jour de la revue d'ensemble, il s'adressa à l'officier de droite du
premier bataillon, et lui dit de faire l'appel
de son peloton. L'officier chercha dans sa
poche son calepin ; mais le général, l'arrêtant,
lui dit :

— Je ne doute pas, Monsieur, que vous ne

sachiez lire ; mais vous devez connaître vos hommes, savoir leurs noms et les appeler de mémoire.

L'officier fut obligé d'avouer que sa science n'allait pas jusque-là.

— C'est bien, Monsieur, dit le général, vous ne savez pas votre métier.

Au second peloton, même réponse, même réprimande. Cependant, on se racontait, de peloton en peloton, ce qui se passait, et on se plaignait de la sévérité du général. Un sous-lieutenant, qui commandait un des derniers pelotons, vit venir le danger, et, pour le parer, il s'adressa à ses soldats :

— Mes amis, leur dit-il, vous savez que je ne suis pas méchant, et vous ne voudriez pas me faire de la peine ; je vous aime tous beaucoup, mais, si je vous porte dans mon cœur, ma mémoire, moins fidèle, peut bien avoir oublié vos noms ; voici donc ce qu'il faut que vous fassiez pour que je continue à être bon enfant. Quand le général sera là, je ferai l'appel, et vous répondrez *présent* les uns après les autres, en commençant par la droite, quels que soient les noms que je prononcerai. C'est convenu, n'est-ce pas ? Attention ! le voilà qui s'approche.

Le général était de fort mauvaise humeur.

— Faites l'appel de votre peloton, dit-il au sous-lieutenant en fronçant le sourcil.

—.Oui, mon général, reprit le jeune homme.

— Dubois ?

— Présent.

— Nicolas ?

— Présent.

— Boulanger ?

— Présent, etc., jusqu'à ce que le dernier homme du troisième rang eût répondu.

— Parbleu ! Monsieur, dit le général, vous êtes le seul officier de votre régiment qui connaissiez votre peloton. C'est très bien, je vous porterai sur le tableau d'avancement.

Il n'est pas besoin de dire qu'après la revue le général réunit tous les officiers, qu'il se plaignit de ce qui s'était passé, et qu'il signala le sous-lieutenant comme le seul méritant.

Mais ces éloges pesaient au jeune officier ; aussi, le soir, rencontrant le général près du quartier, il l'aborda et lui dit :

— Mon général, vous m'avez adressé tantôt

des éloges que je ne mérite pas, je dois vous l'avouer.

Et il lui raconta ce qu'il avait fait.

— Cela prouve du moins, Monsieur, que vous avez de l'esprit, dit le général.

— Mon Dieu ! mon général, reprit le sous-lieutenant, vous ne savez pas combien il est facile d'intimider l'homme le plus sûr de son affaire, en lui adressant à l'improviste la question la plus simple. Tenez, vous voyez ce sous-officier qui passe là-bas et va se promener : c'est peut-être le meilleur instructeur de toute l'armée ; permettez-moi de l'appeler et veuillez lui demander une définition de la charge.

On appela le sous-officier.

— Le sixième temps de la charge ? lui dit le général.

— Le sixième temps de la charge ?.. répondit le sous-officier, attendez donc : Apprêtez armes...

— Oh ! si tu commences par le premier, tu y arriveras.

— Parbleu ! mon général, vous qui êtes si fort, reprit le sous-officier, dites-moi donc quelle est la dix-septième lettre de l'alphabet.

— La dix-septième lettre de l'Alphabet ?... parbleu, a... b... c...

— Ah ! si vous commencez par le commencement, vous y arriverez bien sûr.

— Eh bien, mon général, ajouta le sous-lieutenant, vous voyez bien qu'on peut surprendre l'homme le plus habile : car vous savez bien votre alphabet, n'est-ce pas ?

Le général se prit à rire et ne se fâcha point.

Gascon et Normand.

Deux menteurs, l'un Gascon, l'autre Normand, faisaient route ensemble.

Arrivés dans une plaine, ils aperçurent une oie qui sottement s'était éloignée de ses compagnes. Courir sus, la saisir malgré ses cris, fut promptement fait. Nos gens n'étaient pas des plus scrupuleux sur l'article *le bien d'autrui.*

— Faut de la conscience, disait le Normand, mais pas trop n'en faut : l'excès nuit en tout... A qui appartiendra l'oie ?

C'était là le point essentiel.

— Il faut la partager, dit le Gascon.

— Non pas, répond le Normand. Couper par la moitié une si belle bête ? Oh ! non, ce serait un meurtre. Tenez, si vous voulez, l'oie appartiendra tout entière à celui qui, pendant la nuit, aura fait le plus beau rêve.

— Accepté, dit le Gascon.

Sur le soir, nos voyageurs entrent dans une auberge. Après un mince souper, ils se souhaitent *cordialement* le plus beau rêve et se retirent chacun dans la chambre qui lui a été assignée, non sans avoir confié l'oie (prudence est mère de sûreté) à la garde de l'aubergiste ; ce qui prouve d'une manière décisive que Gascon et Normand avaient l'un envers l'autre une confiance réciproque.

— Quel rêve pourrais-je faire ? se disait le Normand, quel rêve pourrais-je donc faire pour avoir l'oie ?

Après avoir longtemps cherché et probablement trouvé, il s'endort satisfait. Notre Gascon, de son côté, ne perdait pas son temps : il plumait l'oie, la faisait rôtir, et la mangeait en compagnie de l'aubergiste et de sa famille (c'étaient de ses compatriotes).

Le lendemain, dès l'aurore, le Normand arrive dans la chambre de son compagnon de voyage.

— Ah! mon cher, s'écrie-t-il, le beau rêve que j'ai fait! Figurez-vous que j'étais monté sur un char attelé d'oiseaux comme on n'en saurait voir, et je voyageais dans les airs.

— Mon ami, répondit le Gascon, je le sais bien ; je vous ai vu partir, et, dans la crainte que vous ne revinssiez pas de sitôt, nous avons mangé l'oie. Laisser gâter une aussi belle bête, c'eût été un meurtre. Parole de Gascon ou de Normand, car nous nous valons l'un et l'autre, l'oie était délicieuse... Demandez plutôt à notre hôte : il en a mangé sa bonne part.

Tant il est vrai qu'un menteur a toujours la main assez heureuse pour rencontrer sur son passage un plus menteur que lui.

Que la joviale aventure de ce Gascon et de ce Normand nous rappelle aussi le proverbe qu' « *un menteur est pire qu'un voleur.* »

 SINGULIÈRE ILLUSION
DU SENS DU TOUCHER.

L A plupart des écoliers connaissent une expérience aussi curieuse que facile à répéter, et dont la figure suivante donne une

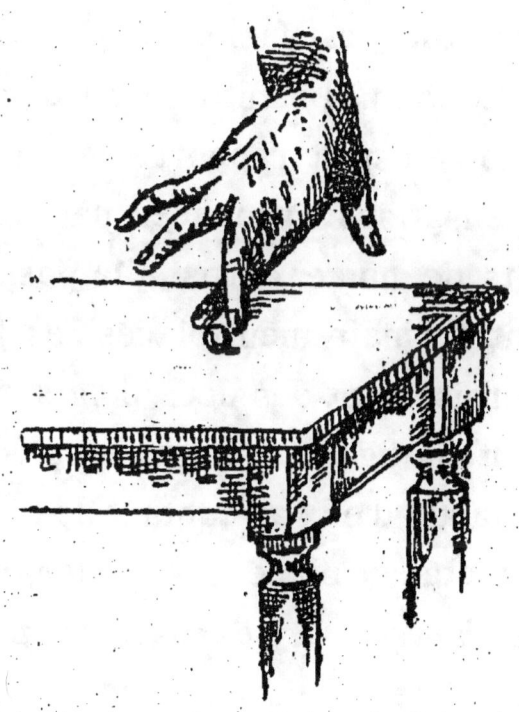

idée très nette. Si l'on place sur une table une petite boule d'un centimètre environ de diamètre, et qu'on vienne à la faire rouler entre l'*index* et le *médium* entrecroisés, de manière qu'elle ne touche que les bords externes de

ces deux doigts, on croit sentir deux boules
au lieu d'une seule ; l'illusion est quelquefois
si parfaite, que si l'on opère sur une boulette
de mie de pain en détournant la vue, on croit
à chaque instant que l'on a rompu cette boulette en deux autres que l'on sent à la fois.

Cette sensation singulière, connue déjà du
temps d'Aristote, est facile à expliquer avec
un peu d'attention. Il suffit en effet de remarquer que notre esprit rapporte involontaire-
ment les sensations éprouvées par les différents points de notre corps à la position où
se trouvent ordinairement placés ces points.
Ainsi le croisement des deux doigts, tel que
le représente la figure, n'empêche pas qu'on
ne sente chacun d'eux au contact de la boule,
comme s'ils étaient placés naturellement l'un
à côté de l'autre. Or, dans cette position
habituelle, il est impossible que les bords
extérieurs des deux doigts soient à la fois
en contact suffisant avec une seule et même
boule ; si donc ce contact simultané vient à
être établi par l'artifice du croisement des
doigts, il doit en résulter la sensation de
deux boules, comme cela a lieu en effet.

Telle est l'explication qu'un géomètre célèbre et le physiologiste Muller s'accordent à donner, et qu'une foule de faits analogues viennent confirmer.

L'étude du ciel.

Trouver des livres vraiment pratiques dans lesquels on puisse apprendre l'astronomie, un tant soit peu dépouillée de l'aridité que lui donne sa parenté avec les mathématiques, est une opération fort peu aisée, et à ce sujet on nous écrivait dernièrement ceci :

« J'ai essayé de me reconnaître au milieu des étoiles qui encombrent le ciel. J'ai un fort bouquin d'astronomie, j'y trouve des renseignements fort intéressants sur les différentes planètes qui gravitent dans l'espace, sur leur position, sur les rapports qu'elles ont entre elles ; j'ai une belle carte et une belle sphère céleste sur lesquelles je retrouve les planètes et les étoiles indiquées. Tout cela est bien, et théoriquement m'intéresse vivement ; mais il y a un cheveu, et le voici :

Lorsque j'essaye d'extérioriser mes connaissances, lorsque j'essaye de me reconnaître
au milieu de tous les points brillants qui
piquent le ciel, je n'en peux mais, je ne puis
grouper toutes ces étoiles pour les réunir en
constellations, et par conséquent je ne puis
appliquer mes faibles connaissances astrono-
miques. Ne pourriez-vous m'indiquer un
moyen de me reconnaître au milieu de ce
dédale ? »

Nous avions jeté notre langue au chat,
lorsque le sauveur nous est apparu sous la
forme du *Scientific American*, et nous allons
donner satisfaction à nos lecteurs; nous
allons leur fournir le moyen d'apprendre et
d'appliquer la carte céleste. L'invention est
fort simple, comme vous l'allez voir.

Il y a deux méthodes à peu près identi-
ques. Dans la première, vous vous servez
d'une planche lumineuse et d'une série
d'étoiles en carton. La planche lumineuse
est très facile à fabriquer; c'est une planche
à dessin ordinaire de 1 mètre carré environ,
sur laquelle vous collez un morceau de carton souple enduit de pâte phosphorescente.

Cette pâte phosphorescente est simple comme composition : c'est un mélange de soufre et de chaux. Vous réduisez les deux substances en une poudre très fine, vous les chauffez dans un creuset, vous laissez refroidir. Vous y ajoutez la quantité d'eau nécessaire pour obtenir une pâte homogène, ni trop liquide ni trop épaisse. Au moyen d'un pinceau, vous étendez cette pâte d'une façon uniforme sur le carton ; l'eau s'évapore, et il reste sur la planche une poudre phosphorescente qui, la nuit, vous donnera un tableau lumineux.

Les étoiles sont découpées dans du carton ordinaire ; on les fait de différentes tailles, de façon à représenter des étoiles de différentes grandeurs. Au centre des étoiles on passe une épingle quelconque qui servira à les fixer sur le tableau.

Voici maintenant comment on se sert de ces différents instruments. Vous vous installez dehors par une belle nuit et vous piquez sur votre tableau les étoiles que vous voyez au ciel, en essayant de garder leurs grandeurs et leurs positions relatives. Vous arrivez ainsi à transporter sur le tableau l'image du ciel, avec cette différence que les étoiles sont obscures sur fond lumineux au lieu d'être brillantes sur fond sombre. Quand vous avez ainsi dessiné une partie du ciel, vous comparez votre tableau à une mappe-monde céleste quelconque. Vous serez alors très étonnés de la facilité avec laquelle vous retrouverez les différentes constellations.

La seconde méthode est plus élégante que celle que nous venons de décrire, car les étoiles sont lumineuses sur fond noir. Le tableau est cette fois une planche quelconque noircie au noir de fumée, et les étoiles sont recouvertes de la pâte phosphorescente. Vous dessinez comme précédemment, et vous avez sur votre table l'image du ciel avec ses différentes constellations.

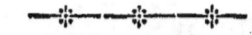

Pour nous trois.

UN meunier cheminait avec son âne. Un bel esprit le rencontre et se met à crier : « Où allez-vous donc tous deux ? — Chercher du foin pour nous trois, » répond incontinent le meunier.

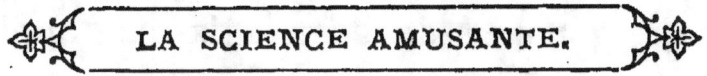

LA SCIENCE AMUSANTE.

ON sait que le cuivre conduit mieux la chaleur que le fer ; d'où nous pouvons conclure que, dans une marmite de cuivre, l'eau s'échauffera plus vite que dans une marmite de fer. La batterie de cuisine en fer est plus répandue que celle de cuivre ; c'est surtout à cause de la différence de prix. Toutefois, il faut remarquer que, si la tôle d'une marmite en fer battu est très mince, l'eau peut bouillir plus vite que dans une casserole en cuivre à parois plus épaisses. La faible épaisseur supplée à une conductibilité moins parfaite.

Cela est si vrai que des corps réputés très mauvais conducteurs se laissent traverser assez facilement par la chaleur quand ils sont peu épais, à la condition cependant qu'ils soient en contact avec un corps assez bon conducteur pour prendre la chaleur à mesure qu'elle passe.

Voici à ce sujet deux expériences :

Prenez un porte plume ordinaire à manche

de bois et à douille mécanique ; collez une
étiquette gommée, de façon à la bien appliquer, mi-partie sur le bois, mi-partie sur le
métal de la douille, comme l'indique la figure ;
chauffez ensuite régulièrement l'endroit recou-
vert dans une flamme non fumeuse, celle
d'une lampe à alcool, par exemple ; le papier

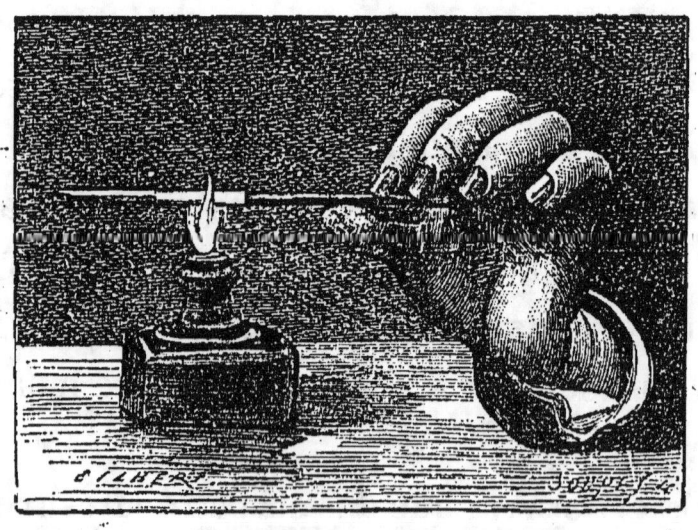

se carbonisera sur le bois seulement, parce
que, le bois s'opposant au passage de la chaleur, c'est le papier qui la garde ; au contraire,
le cuivre ou le fer de la douille laisse passer
la chaleur et le papier en cet endroit reste
blanc.

On peut confectionner facilement une petite

lampe à alcool au moyen d'un encrier : dans le bouchon, on introduit un fragment de porte-plume ou un tube de verre qui donne passage à la mèche. Le bouchon ne brûle que quand l'alcool manque dans la lampe.

Voici une expérience plus curieuse encore :

Faites ou procurez-vous une de ces boîtes

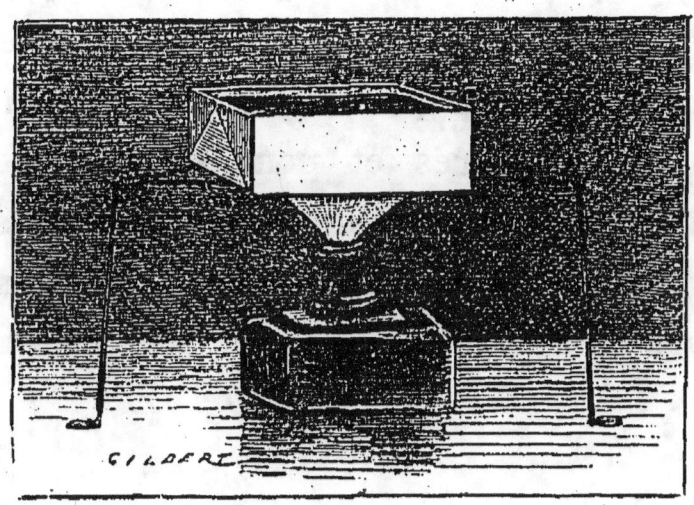

de papier obtenues par un pliage (rien ne doit être collé), et dans laquelle l'épicier, le confiseur, le pâtissier vendent des fruits secs ; disposez-la sur un trépied comme l'indique la figure ci-dessus, remplissez-la d'eau aux trois quarts et chauffez ; l'eau finira par entrer en ébullition et le papier ne se carbonisera point.

On peut même remplacer la lampe-encrier par un chalumeau à gaz ou un fourneau à charbon puissamment activé par le vent d'un soufflet. Si le vase de papier est supporté, pour éviter ses déformations, par une toile métallique, celle-ci rougit, brûle même par places, et le papier reste intact.

La raison en est que le papier, peu épais, laisse passer la chaleur ; comme l'eau en absorbe beaucoup pour s'échauffer d'abord jusqu'à 100 degrés et pour se vaporiser ensuite, la température du papier ne dépasse pas 100 degrés tant qu'il reste de l'eau dans la marmite de papier.

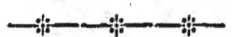

Le berger et ses moutons.

On désigne parmi les joueurs : un berger, deux chiens et un loup.

Les chiens se placent à droite et à gauche du berger et donnent la main à ce dernier. Les moutons se tiennent derrière le berger.

Le loup vient se poster devant le berger et lui dit :

— J'ai faim, donne-moi un de tes moutons.

Le berger répond :

— Je suis berger et je défendrai mon troupeau !

A ces mots, le loup cherche à saisir l'un des moutons ; le berger et ses chiens tâchent de lui barrer le passage.

Si le loup parvient à passer, le mouton menacé se sauve et cherche à venir se placer derrière un des chiens, ou il est en sûreté.

Si le mouton est saisi, il est exclu du jeu jusqu'au moment où il ne reste plus que le berger et ses chiens.

Si l'on est nombreux, on peut former les groupes de façon à ce qu'il n'y ait pas plus de quatre ou cinq moutons.

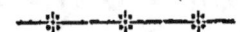

Les œufs sculptés.

POUR arriver à ce résultat, vous n'avez pas grande peine à vous donner.

Prenez un œuf un peu gros, bien propre, et d'une coquille assez ferme. — Ayez à côté de vous du saindoux, ou toute autre substance grasse non liquide.

Trempez dans votre corps gras une allumette, que vous aurez taillée comme un crayon, et, dès qu'elle sera bien enduite, servez-vous-en pour tracer sur la coquille de votre œuf le dessin que vous voudrez.

Pendant cette opération, vous devez tenir l'œuf légèrement, et par ses deux extrémités, entre le pouce et le médium de la main gauche. De cette façon, vous pouvez le faire tourner dans tout le développement de sa surface, sans craindre d'effacer ou de détériorer votre travail.

Dès que votre dessin sera terminé, versez dans un vase, que vous aurez également près de vous, une certaine quantité de vinaigre fort, de manière que l'œuf puisse baigner complètement, et plongez-y aussitôt ce dernier.

En le laissant dans ce bain un certain temps, — que vous pourrez apprécier en regardant l'œuf une fois ou deux, — le vinaigre agira sur les parties de la coquille que le corps gras n'aura pas couvertes, et les corrodera d'une manière sensible et proportionnée au temps que l'œuf y séjournera.

Les parties couvertes ne seront pas touchées par l'acide ; par conséquent, elles auront conservé toute leur épaisseur primitive.

Vous concevez, dès lors, l'effet que vous aurez obtenu, et tout le charmant parti que vous avez à tirer de cette idée, qui peut donner lieu aux plus agréables comme aux plus piquantes surprises.

Qu'une main exercée y crayonne une charge spirituelle, ou une gracieuse fleur, il est certain que c'est avec le plus grand plaisir qu'on l'y verra et surtout qu'on la recevra.

Nous avons vu deux de ces œufs artistiques, auxquels, après les avoir vidés à l'aide d'un tout petit trou à l'une des extrémités, on avait fait les honneurs du globe de verre pour les garder.

Sur l'un s'enlaçait le plus élégant des chiffres.

Sur l'autre, quelques traits d'une grande valeur indiquaient une délicieuse figure.

Les deux coquilles étaient devenues des objets d'art.

Le Palet.

LE jeu du palet, ou jet du disque, est des plus anciens ; il en est fait mention dans l'âge héroïque. Chez les anciens Grecs, le disque était simplement un morceau de métal plat, une pierre, que l'on jetait en l'air ou devant soi. Plus tard, afin de le tenir avec plus de fermeté, on le laissa gros au centre et on l'amincit sur les bords. Un seul palet était employé, chacun le lançait à son tour, et un petit piquet marquait la place où il était tombé.

Le jeu du palet a encore beaucoup de vogue dans certaines provinces. L'emplacement du jeu est long de 25 mètres et large de 4 ; à chaque extrémité est tendue une corde servant de but. Le disque, qui est en fer, a un diamètre de 15 à 18 centimètres ; les bords en sont amincis, et le poids est d'environ un kilogramme pour les adultes.

Ce jeu est également pratiqué en Suisse, où il jouit d'une très grande vogue. On voit, dans les fêtes gymnastiques, la jeunesse de plusieurs cantons se réunir pour prendre part à des concours de jet de la pierre. Une corde est tendue pour indiquer le point de départ, et c'est à qui lancera la pierre le plus loin.

L'arche de Noé.

UNE énorme dame monte dans le tramway, où il lui faut double place.

— Je croyais que le tramway n'était pas fait pour les éléphants ? dit un voyageur à son voisin.

La dame de tantôt, qui a entendu :

— Monsieur, le tramway c'est comme l'arche de Noé : on y accepte tous les animaux, depuis les éléphants jusqu'aux ânes.

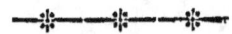

Le tisserand et la navette.

LES joueurs forment un cercle en se donnant les mains et en élevant les bras. Deux joueurs restent hors du cercle, l'un s'appelle la *navette* et l'autre le *tisserand*. Ils se poursuivent en passant sous les ponts formés par les bras levés. Le *tisserand* doit suivre le même chemin que la *navette ;* s'il se trompe, les bras se baissent et il est retenu prisonnier. Il entre alors dans les rangs pour faire partie du cercle et un des joueurs qui l'ont arrêté prend sa place.

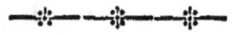

L'assiette tournante.

LES joueurs se disposent en cercle et l'un d'eux fait tourner l'assiette, tenue debout sur son bord. En même temps, il désigne un camarade qui vivement doit saisir l'assiette avant qu'elle ne tombe, et lui faire continuer son mouvement de rotation ; lui-même désigne un autre joueur qui, à son tour, vient faire tourner l'assiette, et ainsi de suite. Un gage est donné par celui qui ne parvient pas à saisir l'assiette avant qu'elle ne tombe.

Au lieu d'assiette, il est peut-être prudent de prendre un disque de bois ou un couvercle de casserole, qui sont moins sujets à la casse.

Le Furet.

LES joueurs sont formés en cercle, et tiennent une corde passée dans un ou plusieurs anneaux, qu'ils font glisser de main en main en les dérobant à la vue du ou des joueurs placés au centre. Mais ceux-ci surveillent attentivement, car si l'un d'eux parvient à désigner le camarade dans la main duquel se trouve un des anneaux, il change de place avec lui.

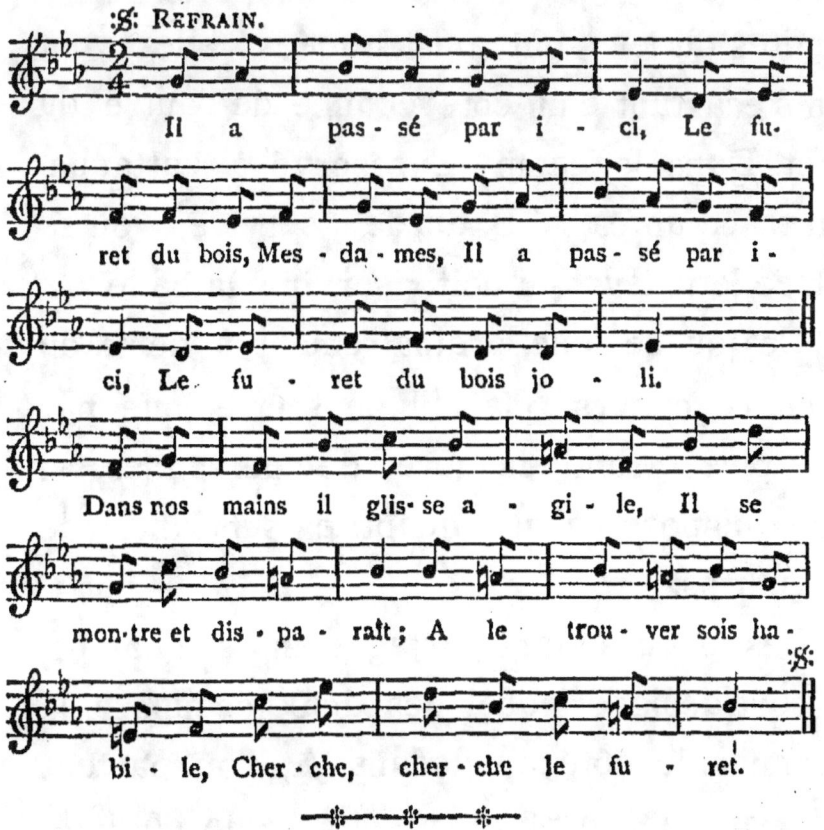

:S: REFRAIN.

Il a pas-sé par i-ci, Le fu-ret du bois, Mes-da-mes, Il a pas-sé par i-ci, Le fu-ret du bois jo-li.

Dans nos mains il glis-se a-gi-le, Il se mon-tre et dis-pa-raît; A le trou-ver sois ha-bi-le, Cher-che, cher-che le fu-ret.

LE LAWN TENNIS.

Pour établir ce jeu, on doit disposer d'un terrain d'au moins 20 mètres de longueur sur 8 à 10 de largeur. Un filet tendu verticalement le divise en deux parties égales; ce filet est soutenu par deux bâtons fixés en terre et renforcés à l'aide de cordes s'attachant d'une part à leurs sommets, et de l'autre à des piquets enfoncés dans le sol. Les limites du jeu sont ainsi tracées : elles vont en s'écartant d'un côté comme de l'autre du filet. Dans le camp A, réservé à l'attaque, on trace un carré B, dit de « service, » où se place le joueur qui doit « servir » la balle.

Ce jeu se joue ordinairement à deux ou quatre joueurs, mais il peut être joué par un plus grand nombre de personnes, si l'on dispose d'une quantité suffisante de raquettes.

Les joueurs étant partagés en deux camps, le sort désigne lequel des deux occupera le premier le côté du dedans A, d'où partent les balles; l'autre camp occupe le côté du dehors E, où les balles sont envoyées. On tire ensuite dans chaque camp le rang des joueurs.

Règles du jeu. — I. Le premier joueur du dedans se place sur le carré de service B, et « donne le service, » c'est-à-dire que de la main gauche il lance une balle en l'air à

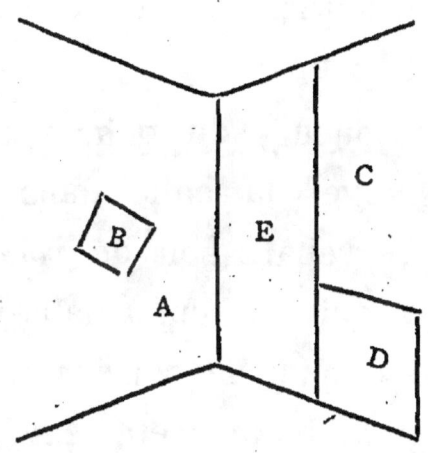

une petite hauteur, et, au moment où elle retombe, il la frappe vigoureusement de sa raquette, cherchant à l'envoyer, par-dessus le filet, dans le camp opposé. C'est ce qu'on appelle, lorsqu'on réussit : « mettre dessus. » On « met dessous » lorsque la balle est arrêtée par le filet.

II. Si les joueurs sont deux dans chaque

camp, les joueurs du dehors se placent l'un
à la droite C, l'autre à la gauche D de leur
terrain E, et, suivant que la balle est lancée
vers la droite ou vers la gauche, le joueur
qui se trouve dans sa direction se porte à sa
rencontre pour la renvoyer. Il est utile de
se servir des cris : *A vous ! A moi !* par
lesquels un joueur avertit son associé soit
d'aller à la rencontre de la balle, soit de lui
laisser jouer le coup.

III. Si les joueurs du dehors n'ont pas
réussi à renvoyer la balle dans le camp
opposé, en la prenant soit de *volée*, soit au
premier bond, qui est seul valable, le camp
qui vient de donner le service marque un
point. Mais si la balle a été renvoyée avec
succès, elle continue à être ballottée d'un
camp dans l'autre, jusqu'à ce qu'elle soit
manquée par un des joueurs, ou envoyée
hors des limites du jeu. Il est évident qu'une
balle est toujours bonne pour le camp qui
l'a lancée lorsqu'elle a touché le sol dans les
limites du camp opposé avant de rouler hors
de ces limites.

IV. Le camp du dehors ne marque jamais

de points; son rôle consiste simplement à renvoyer les balles; c'est le camp du dedans qui marque le point, lorsque la balle ne lui a pas été renvoyée.

V. Quand le joueur qui donne le service a lancé successivement deux balles avec ou sans réussite, il cède la place au second, qui joue de la même manière.

VI. Si le nombre des joueurs est supérieur à quatre, on ne joue qu'une balle à la fois, au lieu de deux.

VII. Lorsque les joueurs du dedans ont tous donné le service, ils passent du côté du dehors, tandis que le camp opposé vient à son tour occuper le dedans.

VIII. Les joueurs du dedans qui ne servent pas se placent, comme ceux du dehors, à quelque distance les uns des autres, afin de pouvoir jouer les coups sans se gêner mutuellement.

IX. Lorsqu'un joueur touche, de quelque manière que ce soit, une balle poussée par un autre joueur de son camp, le coup est nul.

X. La partie se joue en quinze points.

Ce jeu est fort amusant; il convient aux

demoiselles aussi bien qu'aux jeunes gens et
mérite d'être propagé dans les écoles.

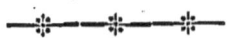

Un nouveau Colin-Maillard.

JE viens vous indiquer aujourd'hui une
expérience de physique amusante dont
on peut faire un véritable jeu de Colin-
Maillard.

Le patient, les yeux bandés, s'assied sur
une chaise placée au milieu du salon.

L'opérateur prend deux pièces de dix centimes entre le pouce et l'index de la main
gauche, et glisse l'index de la main droite
entre les deux pièces de façon que, lorsqu'il
retire ce doigt vivement, les deux sous frap-
pent l'un contre l'autre avec un bruit sec.

Si ce bruit se produit à droite ou à gauche
de la tête, le Colin-Maillard distinguera facilement de quel côté il se fait entendre ; mais
si on fait claquer les pièces sur un point quelconque du plan vertical imaginaire qui partage
la tête en deux parties symétriques en
passant par le milieu du front, du nez et du

menton, le sens de l'ouïe est complètement mis en défaut.

Sonne-t-on par devant, le Colin-Maillard, neuf fois sur dix, devinera par derrière ; sonne-t-on par derrière, il devinera devant ou au-dessus de sa tête ; enfin il commettra les erreurs les plus comiques.

Essayez ; l'expérience est facile à réaliser.

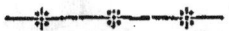

Anecdote.

APRÈS la mort d'Abel, Adam, accablé de douleur, se tenait assis, les yeux vaguement fixés sur la terre. Un ange, pour le consoler par la pensée que la perte de ce fils serait amplement réparée, fit apparaître devant lui au loin un million d'hommes. — Voilà votre postérité. — Quoi ! tous ces hommes ? s'écria Adam. Mais s'aimeront-ils les uns les autres ? — Ils se diviseront et se feront la guerre, dit l'ange avec un soupir. — Alors vous ne m'avez montré que des Caïns. Laissez-moi pleurer Abel.

MÉSAVENTURE.

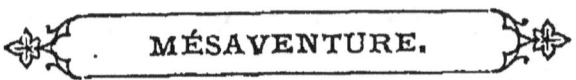

H<small>UE</small>! cheval, hue vite !
    Jeanne est en voiture avec sa poupée,

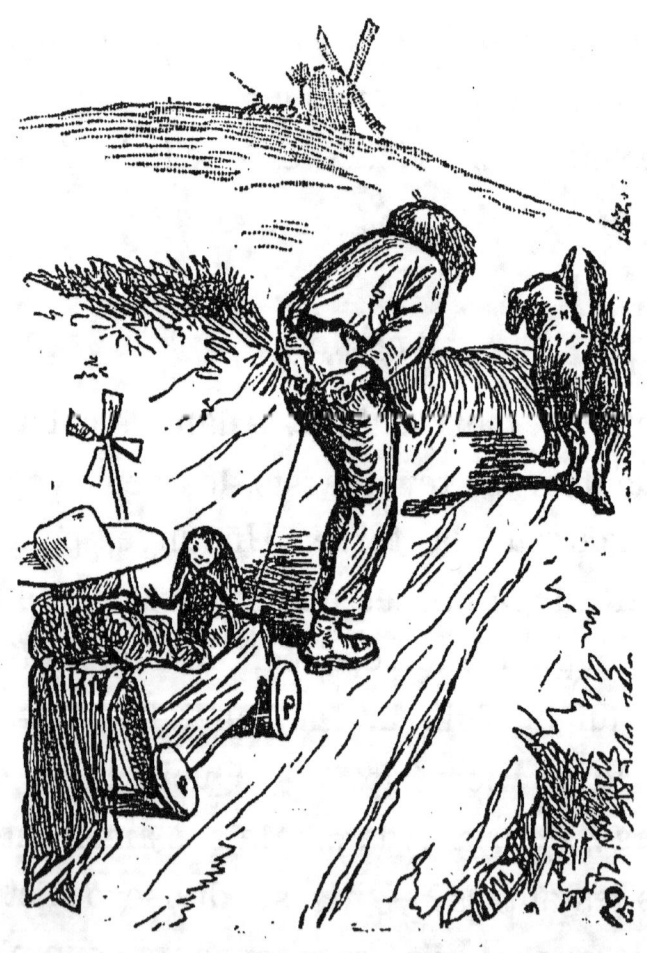

et Fernand, son frère, la mène grand train.
    — Hue ! cheval, plus vite !
Aller vite, c'est le plaisir.

— Hue ! cheval, plus vite !

Et Fernand, heureux de pouvoir amuser sa sœur, continuait de courir au trot, au galop, derrière Azor.

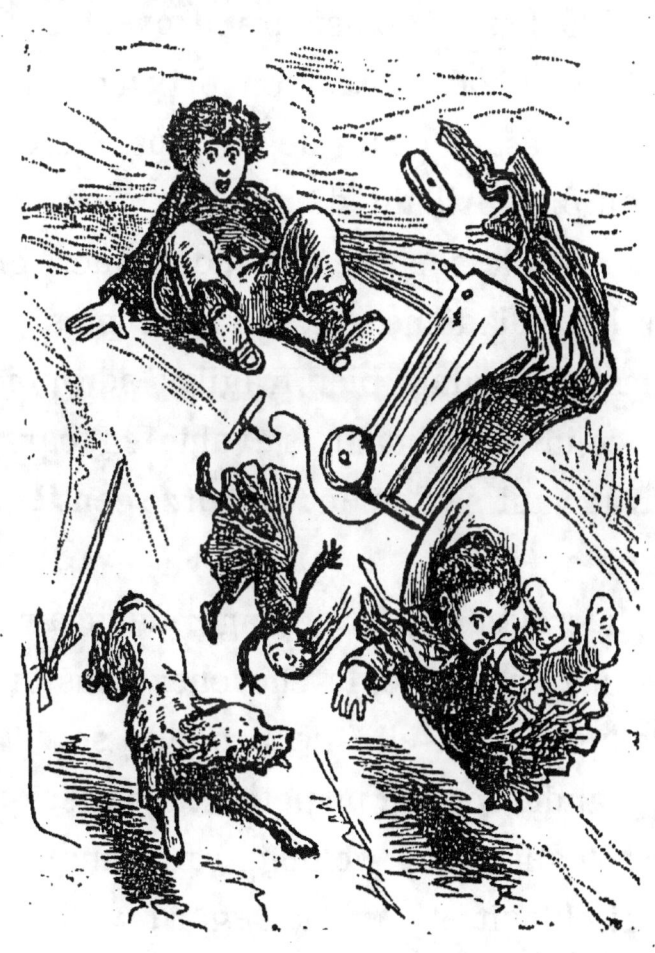

Mais le cheval, en courant, a butté contre une pierre, le voilà par terre et la voiture en l'air.

En toutes choses il faut considérer la fin.

La perle.

Le mot « *Perle* » a donné lieu dans la plus haute antiquité, et surtout chez les peuples de l'Orient, à plusieurs proverbes. La perle avait sa valeur, et son prix égalait et même surpassait celui de la plus fine émeraude, du plus brillant diamant.

Elle ornait le sceptre des monarques, brillait sur leur diadème. La perle la plus précieuse est cependant bien fragile ; son poids, comme celui du diamant, s'évalue en carats, et le carat vaut seulement quatorze centièmes du gramme.

Pour la trouver, il faut plonger dans la mer, exposer même sa vie, la chercher dans quelque mollusque, où elle se produit, se développe, grandit comme un petit œuf sphérique, souvent légèrement oblong, et donnant un éclat qui éblouit et ravit le regard.

L'homme, que n'a-t-il pas fait pour imiter ce jeu brillant de la nature ? quelle renommée n'ont pas atteinte quelques fabriques de perles ?

Avoir des perles, s'orner d'un collier de

perles, enchâsser des perles dans des couronnes d'or ; orner ses pendants d'oreilles, sa précieuse ceinture, d'une perle précieuse, était la satisfaction d'une dame noble et même d'un riche seigneur.

Examinons quelques proverbes enfantés par la perle :

« Cela est net comme une perle. »

La perle n'a pas d'anfractuosités. La main de l'homme n'y a rien fait. Le diamant doit être taillé et poli, la perle ne reçoit rien de la main de l'homme.

Après des siècles, elle est telle qu'on l'a trouvée.

Quelqu'un a donné son avis motivé, a fait un discours, et ses auditeurs disent : « Voilà une perle de clarté et de netteté ; » pourrait-on faire éloge plus flatteur ?

Flore, fille d'un honnête ouvrier, est bonne, sage, travailleuse ; quelqu'un dit au père : « Votre fille est une perle. »

L'heureux père le comprend ; il préfère avoir une perle qu'une *rose ;* celle-ci a une beauté passagère, une perle conserve toujours son prix.

Le langage évangélique nous parle de la « marguerite », perle précieuse par excellence.

Comment le divin Sauveur marque-t-Il sa valeur ?

« Un homme, dit-Il, l'a trouvée par le plus heureux des hasards : mais le champ où elle se trouve ne lui appartient pas. Aussitôt, il va vendre tout ce qu'il a pour entrer en possession du champ et de son précieux trésor. Et cette perle, cette belle marguerite, représente, dit le Sauveur, le royaume de DIEU, son règne sur la terre, justice et joie ineffables, règne céleste, gloire, clarté, jouissance inénarrable. »

Comment s'étonner, après cela, que les hommes intelligents, les disciples éclairés du CHRIST, aient tout fait pour trouver et posséder cette perle ?

Passons à un autre proverbe :

« On ne jette pas les perles aux pourceaux. »

Il y a des sauvages pour qui le plomb vil est aussi estimé que l'or pur : de même il **y a** des hommes tellement abrutis qu'ils semblent ne plus discerner les clartés et le prix des vérités ; une erreur grossière ne les rebute pas.

A ceux-ci s'applique le terrible proverbe.

Si les perles, qui ont joué un grand rôle parmi les hommes, pouvaient donner leur histoire, quels faits émouvants et parfois terribles elles nous raconteraient! Quels transports d'amour! quelles plaies saignantes de jalousie elles nous montreraient!

Deux mille ans sont passés, et il a survécu, l'acte d'orgueilleuse démence dans une femme d'esprit, Cléopâtre, qui fut quelque temps femme du grand César, et, après lui, celle d'Antoine, le triumvir.

Dans un grand festin à Alexandrie, où Rome et l'Egypte se disputaient la palme du luxe effréné, Cléopâtre détacha de sa parure royale une perle, d'un prix inestimable d'après les auteurs du temps, la jeta dans sa coupe, la fit dissoudre par un vin généreux, et avala, d'un coup, la valeur de plusieurs milliers de sesterces.

Après la défaite d'Antoine, elle expia ses folies. Pour échapper à l'humiliation de servir, comme reine captive, au triomphe d'Octave, elle se fit mourir par la piqûre d'un aspic.

Au musée royal de Madrid est conservée la riche perle *Pérégrina*, grosse comme un œuf de pigeon, pesant 180 carats; son diamètre en haut a 23 millimètres et 20 millimètres au milieu.

Pas de palais, pas d'hôtel de grand seigneur qui n'ait sa cachette renfermant perles, diamants et objets de grand prix.

Ah! s'il était donné aux puissants de la terre de pouvoir garder en sûreté les trésors de l'esprit et du cœur, pour les léguer de génération en génération pendant des siècles!

Ces héritages contribueraient bien plus au bonheur des nations et à l'illustration des familles!

Terminons notre petit récit par un proverbe bien pratique :

« Nous ne sommes pas ici pour enfiler des perles. »

Non, le bonheur et l'honneur d'un homme ne sera jamais de s'orner, de porter et de perdre son temps à enfiler des perles! Son cœur ne saurait se contenter de si peu. Il doit répondre aux desseins de son Créateur et se rendre utile à ses semblables. Il est éminemment social ; être égoïste et insensible, c'est méconnaître sa nature, son devoir, se rendre coupable devant Dieu et devant les hommes.

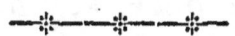

Comment j'ai aimé la géographie.

Aimez-vous la géographie ? Moi, petite fille, je la détestais. Assez studieuse quant au reste, je croyais impossible de retenir ces noms difficiles et quelquefois bizarres, et comme il arrive trop souvent quand on est découragé d'avance, je n'essayais même pas...

Plus tard, ayant fait des efforts, je vainquis cette antipathie. Ce fut dans des circonstances que je n'ai jamais oubliées...

J'avais dix ans. Je portais encore le deuil de ma mère.

Elle avait toujours été délicate, et, l'année précédente, elle avait succombé aux suites d'une maladie de poitrine.

Mon père, officier de marine, naviguait

alors dans la mer des Indes, et il avait couru, sur le compte du bâtiment qui le portait, des bruits non fondés mais trop inquiétants pour ma pauvre mère. Sa santé en fut si ébranlée qu'elle ne put se remettre.

Cependant mon père revint à temps pour recevoir ses adieux et partager ses dernières pensées. Jamais ne s'effacera en moi le souvenir de ces tristes jours : je vois encore les yeux de notre chère malade me suivant avec douleur, et je crois sentir les baisers qu'elle me donnait constamment, comme si elle eût voulu me dédommager par avance de ceux dont sa mort allait me priver.

Le chagrin de mon père fut violent. Il n'avait plus le courage de vivre sans elle dans une maison où ils avaient été si heureux, où tout lui rappelait ce qu'il avait perdu...

Il sollicite un nouvel embarquement et me quitte trois mois plus tard, après m'avoir confiée aux soins de ma grand'mère.

Celle-ci était âgée. Elle avait près d'elle sa fidèle Corentine, qui ne l'avait jamais quittée, et ses visiteurs étaient rares ; seulement, parfois, elle recevait de vieux amis ou M. le curé ; mais, le plus souvent, la journée passait sans qu'elle vît personne.

Elle m'aimait tendrement et me gâtait, me sacrifiant ses goûts. J'étais trop jeune encore pour m'en rendre compte ; c'est depuis que je l'ai pensé.

J'étais, du reste, d'une nature tranquille. Restant constamment près de ma chère malade, j'avais pris l'habitude de jouer sans bruit ; puis, j'aimais passionnément la lecture, la bibliothèque de ma grand'mère était bien montée, et sans le vide que je ressentais depuis la mort de ma mère, j'eusse été tout à fait heureuse.

D'ailleurs, mon père avait redouté pour moi l'isolement, et, pensant que le contact des enfants de mon âge m'était nécessaire et que le temps de ma première Communion approchait, il m'avait placée en qualité d'externe dans un pensionnat de religieuses voisin de la maison de ma grand'mère.

Bientôt j'y fis la connaisance d'une enfant de mon âge, d'un caractère tout opposé au mien, avec laquelle je ne tardai pas à me lier.

Lucy était une petite blonde, rieuse et

folle ; mais sa nature était ouverte et capable d'élans généreux. Fille unique de parents riches qui l'idolâtraient, elle ne savait ce que c'est que de désirer quelque chose... même l'affection. Quant à moi, je lui donnai aussitôt toute la mienne, et j'étais joyeuse qu'elle voulût bien me dire qu'elle me préférait à nos autres compagnes.

Nous ne nous quittâmes plus : en classe, nous occupions les deux pupitres voisins, et nous nous réunissions les jours de congé plus souvent chez ses parents que chez ma grand'-mère. Lucy trouvait notre maison un peu triste. Pourtant elle ne me semblait plus là même en sa présence ; sa gaîté la remplissait et je voyais sourire mon aïeule.

Je rêvais ce que je pourrais imaginer pour prouver ma tendresse à mon amie. En classe, je lui rendais tous les services en mon pouvoir : je l'aidais à faire ses problèmes, devoir qui répugnait à sa nature mobile ; au besoin, j'essayais de lui souffler le mot de la leçon qui lui échappait. En récréation, je choisissais les jeux bruyants qu'elle préférait et je les proposais aux autres.

J'eusse voulu lui éviter jusqu'à l'ombre d'une contrariété ; en retour, elle m'appelait sa bonne Marie et réclamait ma société constante.

Mais je cherchais une bonne occasion de lui faire plaisir. Sa fête devait être dans un mois, et je me creusais la tête déjà pour savoir ce que je pourrais lui offrir.

Un matin Corentine me conduisit au pensionnat. Ayant une commission à faire, nous n'avions pas pris le chemin habituel. Comme nous passions devant un magasin, un bazar, la vieille bonne s'écria :

« Voyez donc, que de jolies choses ! »

Je m'arrêtai pour examiner à mon aise les mille bibelots qui garnissaient la montre : coupes, vases, coffrets, statuettes, etc.

Un porte-bouquet en cristal attira bientôt toute mon attention : avec son pied en métal doré, ses fleurs et ses oiseaux en relief, rien ne me semblait plus charmant, plus capable de plaire à Lucy, à laquelle je pensai aussitôt :

Si je pouvais le lui donner ! Qu'elle serait contente !

« Corentine, et ce vase, ce porte-bouquet, qu'il est joli ! Je voudrais bien en savoir le prix...

— Le prix ? Voulez-vous l'acheter ?

— Oh ! non, pas aujourd'hui... mais, je vous en prie, demandez combien il coûte....

— Mon Dieu, dit la bonne fille, si cela peut vous faire tant plaisir... »

Et elle entra, tandis que je restai à contempler l'objet de mon ambition.

« C'est 3 fr. 50, bien juste prix, me dit-elle en revenant ; mais dépêchons-nous maintenant, j'entends l'heure qui sonne. »

Je pressai le pas en faisant mentalement tout un calcul :

« 3 fr. 50, pensai-je, j'ai dans ma bourse 40
» sous d'économies. Chaque jeudi et chaque
» dimanche, j'ai deux sous. Pendant quatre
» semaines, je recevrai donc seize sous. Cela
» me fera en tout 56 sous... Ce n'est pas assez.
» Comment donc faire ?

» Puis, ce ne serait pas joli de donner le
» porte-bouquet vide. Je voudrais y mettre
» un beau bouquet de roses... Si je demandais
» de l'argent à grand'mère ? Elle ne me refu-

» serait pas, mais il vaut mieux que ce soit de
» l'argent bien à moi... »

Et je cherchais en marchant...

Tout à coup une idée me vint :

« Ce sera la semaine prochaine composition
» de géographie. Grand'mère m'a promis
» trente sous si j'avais une bonne place ; elle
» sait quelle peine j'ai à l'apprendre. Si j'es-
» sayais d'être première. J'ai plusieurs jours
» devant moi... »

A cet instant, j'arrivais à la porte du couvent en même temps que Lucy, qui me cria :

« Qu'as-tu donc aujourd'hui ? Tu as un
drôle de petit air tout fier !

— Oh ! rien... Je te le dirai plus tard. »

Je craignais qu'elle me demandât des expli-
cations ; elle n'y pensa plus.

Aussitôt revenue de la classe, après avoir
embrassé grand'mère, au lieu de lire, selon
mon habitude à cette heure-là, je me mis
courageusement à mes départements. J'avais
bien de la peine, mais je pensais au porte-
bouquet qui m'apparaissait comme la récompense de mes efforts, et à Lucy, et cela me
donnait du courage.

Le lendemain et les jours suivants mon ardeur ne diminua pas ; aussi, le moment de la composition arrivé, quelle fut ma joie, mon émotion quand on me proclama première !

« Comment ? Marie ! » s'écrièrent toutes nos compagnes stupéfaites qui connaissaient mon horreur pour la géographie.

Notre maîtresse profita de l'occasion pour nous faire remarquer combien de victoires la volonté peut nous faire remporter...

Pendant ce temps, je jouissais vivement d'un succès que je savais mérité, et je pensais tout bas en regardant Lucy :

« C'est pour elle que je suis première ! »

A mon retour à la maison, nouvelle joie : ma grand'mère, tout heureuse, m'embrassa en me donnant les trente sous promis.

Avec mes deux francs, c'était plus que le prix du vase. Aussi, le lendemain, n'eus-je rien de plus pressé que de demander à Corentine de me conduire au bazar.

J'étais bien émue pendant la route ; c'est ce qui fait que je n'aperçus pas, en passant près d'elle, une fillette de mon âge qui sanglotait, appuyée au mur...

« Tiens ! mais c'est Rose ! Regardez, dit Corentine.

— Ah ! Rose ! Comme elle pleure !... »

Et je m'approchai de la pauvre enfant. Elle releva la tête à mon « bonjour. »

Rose était la fille de Marianne, une pauvre veuve que grand'mère secourait.

« Qu'avez-vous donc, Rose ?

— Ah ! Mademoiselle Marie, répondit-elle, ses larmes coulant plus fort, elles se moquent de moi parce que mes souliers sont percés... »

Sa chaussure était, en effet, dans un pitoyable état.

« Qui, elles ?

— Toutes celles du catéchisme. Elles disent que je devrais avoir honte d'aller à l'église avec...

— Bah ! fit Corentine, sont-elles sottes ! Est-ce que le bon Dieu regarde à cela ? »

Devant le désespoir de Rose, l'idée de dépenser en sa faveur une partie de ma fortune effleura un instant mon esprit. J'aurais pu offrir à Lucy un souvenir plus modeste.... mais je repoussai bientôt cette pensée :

« Non, décidément ; Lucy est habituée aux

jolis cadeaux, je ne veux pas lui en donner un trop petit. Je garde mon argent. Quand j'en aurai d'autre, j'achèterai des souliers à Rose... »

Et je m'éloignai, après lui avoir adressé quelques paroles de consolation.

J'avais oublié cette rencontre en arrivant devant le magasin. Quelle terreur quand je m'aperçus que mon cher porte-bouquet n'était plus dans la montre ! Heureusement je fus bientôt rassurée ; on me le remit entre les bras et je l'emportai précieusement.

Enfin, la veille du grand jour arriva.

Mon porte-monnaie rempli de mes pièces de deux sous économisées, je pris avec ma bonne le chemin du marché.

Là, après mille hésitations, je choisis un bouquet de roses. Il me semblait n'avoir jamais encore rien vu d'aussi joli.

Je retournai près de ma grand'mère, qui sourit de l'enthousiasme avec lequel j'arrangeais mes fleurs dans le porte-bouquet.

« Lucy, dit-elle, sera bien contente en recevant ce joli cadeau que tu as eu tant de peine à gagner pour elle. »

Je crois que je dormis mal cette nuit-là, tout occupée de savoir comment offrir mon présent, qu'avant de me coucher j'avais rempli d'eau bien fraîche. J'étais indécise, me demandant si je devais l'envoyer ou le porter moi-même.

Au matin, j'étais fixée...

Je me levai et m'habillai vite ; puis, prenant mon petit pupitre, j'écrivis quelques lignes à Lucy pour lui dire mes vœux. Je préférais, la sachant si gâtée, que mon envoi lui arrivât avant les riches cadeaux qu'elle recevrait.

Corentine voulut bien se charger de le porter chez elle.

J'attendis son retour avec impatience pour avoir des nouvelles de l'effet que le porte-bouquet avait produit.

Je fus déçue : elle me dit seulement que Lucy n'était pas encore levée ; le domestique avait pris la commission sans faire de réflexion.

Mon Dieu ! dans quelle agitation je fus toute la matinée ! Je me vois encore passant de mon livre à ma poupée, de la chambre de ma grand'mère à la cuisine et à l'escalier.

Ce ne fut qu'après déjeuner que, collée aux vitres, j'aperçus, au bout de la rue, Estelle, la femme de chambre de la mère de Lucy.

Elle venait me dire que mon amie, étant très enrhumée, ne sortirait pas et m'attendait.

Ma toilette fut bientôt faite.

Je partis escortée d'Estelle, à laquelle je n'osais pas faire de questions, malgré l'envie que j'en avais.

Enfin, j'arrivai... Au moment d'entrer, mon cœur battait fort. J'étais émue à l'idée des remercîments que Lucy, devinant mes petits sacrifices, allait me faire en accourant vers moi. Je tournai le bouton de la porte.

Lucy buvait au coin du feu une tasse de tisane que venait de lui apporter sa mère.

« C'est ennuyeux d'être enrhumée ! me dit-elle. Tu vois, on n'a pas voulu que je sorte et je t'ai fait chercher pour me tenir compagnie.

— J'en suis très contente, répondis-je. J'aurais trouvé la journée longue à t'attendre. »

Nous commençâmes une partie de dominos.

J'étais inquiète : je ne comprenais pas

pourquoi Lucy ne me disait rien de l'envoi du matin.

Pour expliquer son silence, j'imaginais les choses les plus invraisemblables : peut-être le domestique avait-il cassé le porte-bouquet, et n'avait-il pas osé le lui avouer.

Je finis par m'agiter tellement que ma partner, ne voyant que mes bévues, qui lui laissaient une victoire trop facile, me dit :

« Je crois que tu en as assez des dominos ! Si nous faisions autre chose ? A quoi pourrions-nous jouer ?.. Tiens, suis-je étourdie ! j'oubliais de te remercier de ce que tu m'as envoyé ce matin : de si belles roses ! Tu es bien gentille d'avoir pensé à ma fête. »

Et comme, toute rouge, je lui disais que j'espérais lui avoir fait plaisir :

« Certainement, me répondit-elle d'un ton léger. Mais comment as-tu eu l'idée de me choisir un porte-bouquet ? Tu sais bien que j'en avais déjà. »

Sa main me désignait deux magnifiques cornets offerts par sa tante et dont je n'avais jamais jusqu'à ce jour soupçonné l'existence.

Ma consternation fut telle que je me demandai alors si toutes les peines que je m'étais données depuis un mois n'avaient pas été sottes et inutiles.

Mon chagrin devint même si vif que je ne pus que difficilement refouler mes larmes.

Pour la première fois j'eus hâte de quitter Lucy ; je trouvai l'après-midi longue, tandis qu'elle offrait à mon admiration tous les objets qu'elle avait encore reçus.

Je ne rentrai cependant qu'à l'heure du coucher, car sa mère fit demander à ma grand'mère l'autorisation de me garder à dîner, « afin de finir plus gaîment ce jour de fête. »

Quand Corentine vint me chercher, je la suivis sans la faire attendre.

Ma grand'mère était déjà couchée. Une veilleuse seulement éclairait sa chambre, ce qui me permit d'éviter son regard quand elle répondit à mon bonsoir.

« Eh bien, Lucy a-t-elle trouvé ton cadeau joli ?

— Oui, très joli, dis-je avec effort.

— Cela ne m'étonne pas... Alors, tu as passé une bonne journée ?

— Oui, » répétai-je.

Je l'embrassai et regagnai ma petite chambre. Là, tout en me déshabillant, je versai quelques larmes. Je comparais mes impressions du soir à celles du matin, et je me demandais si les choses arrivaient souvent ainsi. J'avais tant espéré faire plaisir à Lucy et je n'avais pas réussi !..

A cet instant, l'idée de Rose me revint.

« Si je lui avais donné des souliers, elle aurait été plus contente ! Je crois que j'ai été punie de n'avoir pas été charitable pour faire à Lucy un plus joli cadeau. Elle aimait mieux justement les roses que le porte-bouquet... Rose, tu auras tes souliers. Je serai encore première en géographie et je garderai tous mes sous pour te les acheter. »

Je m'endormis sur cette résolution, déjà à demi consolée, et je tins parole : j'obtins cette fois de même la meilleure place et j'eus moins de peine à y réussir. J'avais vaincu les difficultés et déjà j'aimais la géographie.

La joie de Rose en recevant ses souliers fut encore plus vive que je n'aurais pu le supposer. Ses remercîments me furent doux et je l'avouai à ma grand'mère, à laquelle je racontai seulement alors ma déception au sujet de Lucy.

« Pourquoi, demandai-je, n'a-t-elle pas été aussi contente que Rose ?

— Pourquoi ? répéta grand'mère. Ma petite Marie, tu comprends toi-même que c'était bien différent. Lucy, très gâtée, est plus accoutumée aux présents que la fille de Marianne, humiliée par les moqueries de ses compagnes, qu'elle va éviter grâce à toi. Ton amie, ayant plus d'argent qu'elle n'en souhaite, ne pouvait deviner ta peine à en réunir ce qu'il fallait pour son cadeau. Elle y a été, du reste, plus sensible que tu ne l'as cru au premier moment, puisqu'elle t'en a reparlé depuis.

» Enfin, par-dessus tout, c'est DIEU qui a voulu que tu fasses cette comparaison. Il a promis une récompense, là-haut, à la charité, et, dès ce monde, il veut même nous en donner un avant-goût, par la joie que nous met au cœur le bien accompli. »

Marie SPES.

Anecdote.

LE maréchal de Castellane, gouverneur de Lyon sous le second Empire, est assis à une table où les convives sont des prêtres, des militaires et des civils. La conversation s'engage sur les indulgences, cette question qui commença à égarer Luther et à provoquer le schisme protestant. « Qu'est-ce que cela, les indulgences ? » demande brusquement le maréchal. M. Beaujolin, grand vicaire de Mgr de Bonald, lui improvise une explication. « Un soldat a été puni par un supérieur. Vous, maréchal, vous commuez ou effacez la punition, voilà les indulgences. Le soldat, c'est le chrétien qui a commis une faute. Celui qui change la peine ou qui pardonne, c'est le Pape, chef de l'Église comme vous l'êtes de Lyon. » — « Ah ! c'est cela, les indulgences ? Eh bien ! il m'en faut, à moi, des indulgences ; nous en avons tous besoin. Il faudra qu'on m'en donne. »

VANGEANCE DE POUPÉE.

ENRIETTE venait de recevoir une nouvelle poupée : une belle poupée, de soie et de satin habillée, avec de vrais cheveux et des souliers à talon.

Henriette a décidé de l'appeler *Blondine*. Elle la trouve bien plus jolie que *Nola*, son ancienne poupée à la tignasse mal peignée.

Blondine sera Madame et Nola sera la bonne.

Présentation :

— Ainsi, c'est entendu : Nola, tu obéiras bien à Madame, n'est-ce pas?

Nola ne répond rien, mais sa grimace ne dit rien de bon.

Henriette joue toute la journée avec Blondine et délaisse non seulement Nola, mais Black, son ami d'enfance, son compagnon de jeux.

La figure de Nola exprime la rancune que

cet abandon lui met au cœur, — car les

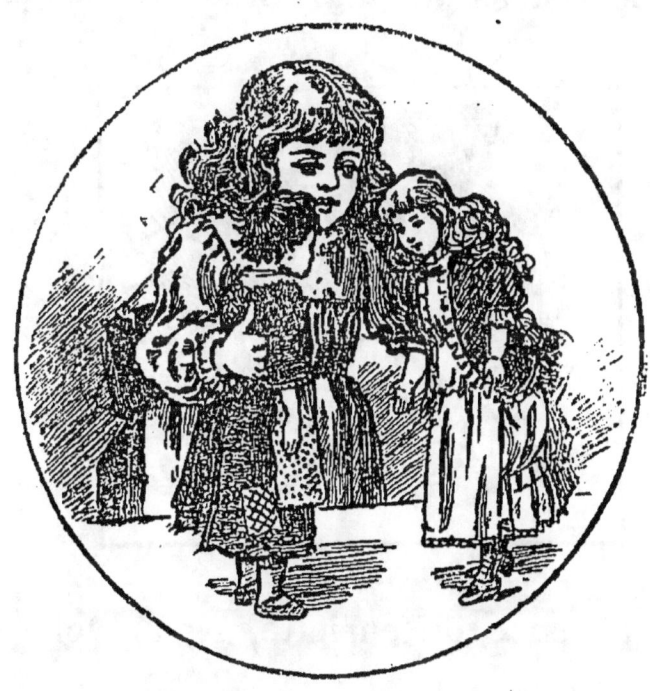

poupées ont un cœur.

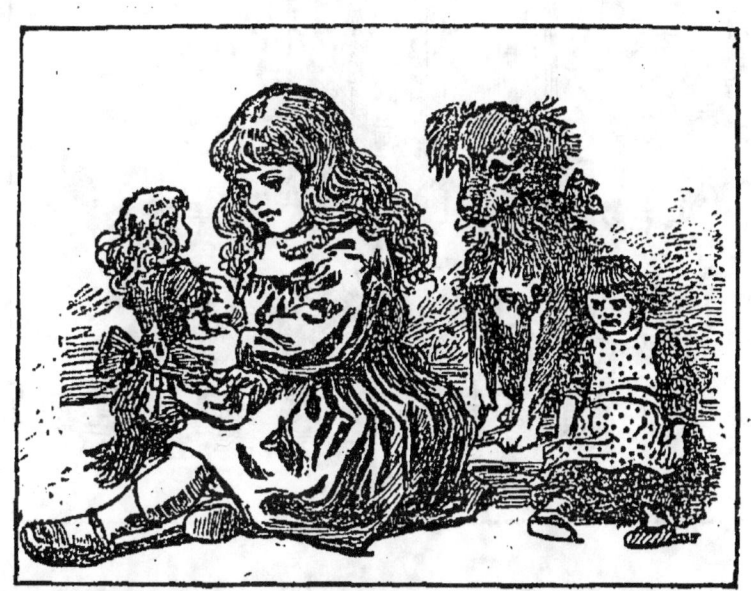

Black, bonne pâte, laisse paraître seulement

un peu de tristesse de l'ingratitude de son amie.

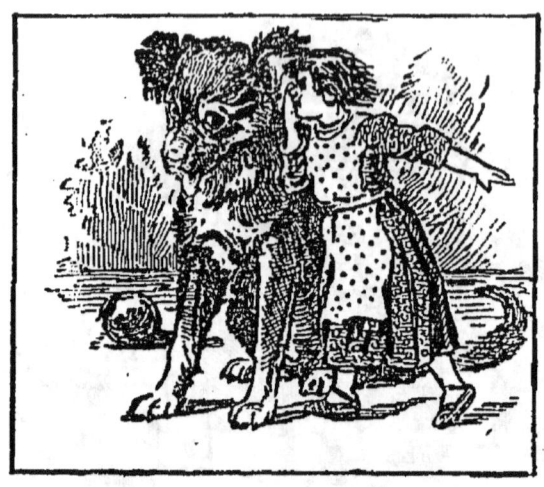

En l'absence d'Henriette, Nola tâche de

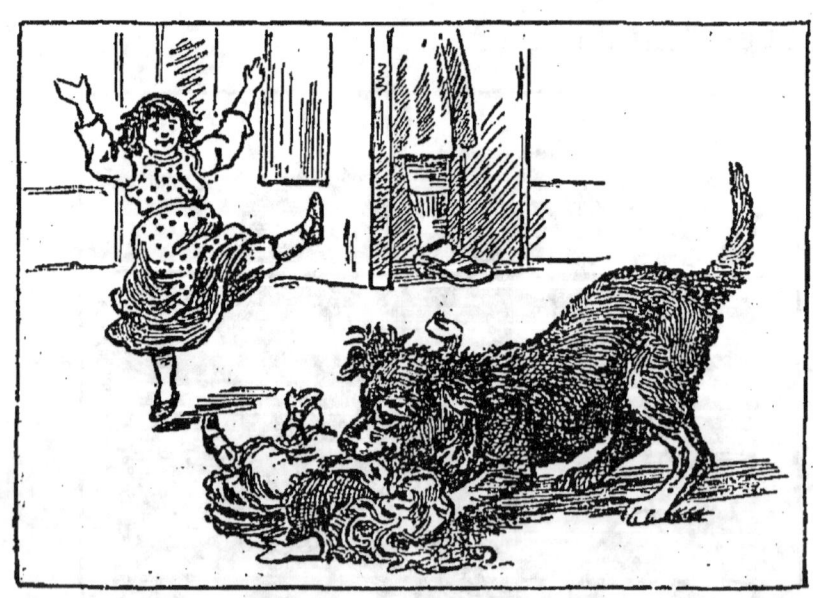

souffler la haine au cœur de Black, — car
les chiens ont aussi un cœur.

Elle y réussit. Black, rendu furieux, saute sur la coquette Blondine et la déchire à belles dents.

Nola l'encourage, en témoignant une joie

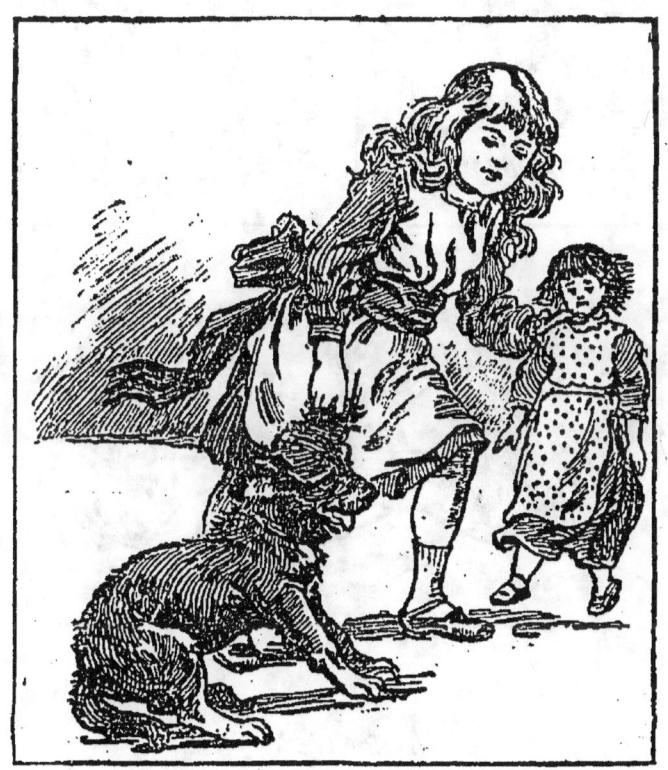

sauvage.

Heureusement Henriette survient à temps pour sauver Blondine d'une mort certaine.

Elle entraîne les deux coupables, qu'elle bannit de la maison.

Vous les voyez ici gémir du châtiment tandis que Blondine, doucement couchée, reçoit les tendres soins de sa petite maîtresse.

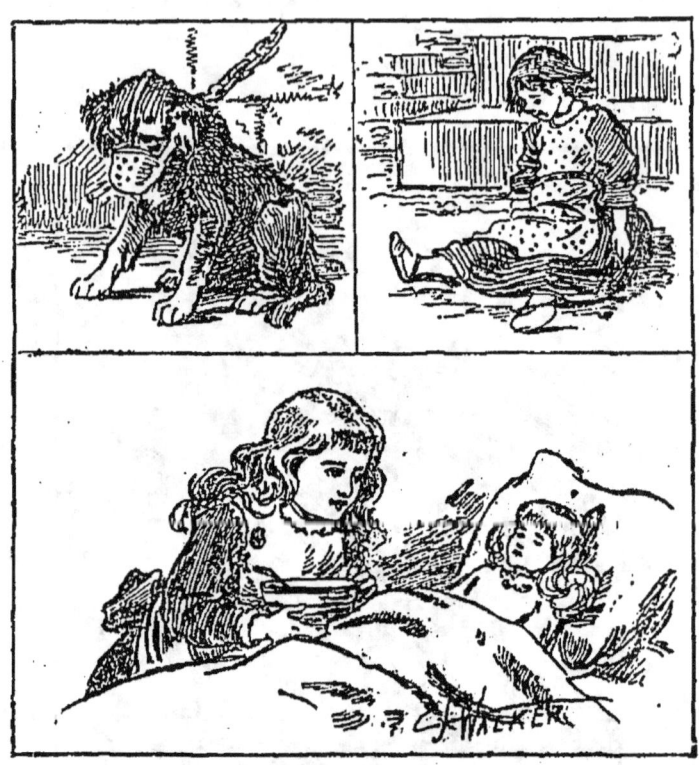

MORALE :

Si l'ingratitude est un vilain défaut, l'envie et la colère ne le sont pas moins, — chez les petites filles et les petits garçons comme chez les chiens et les poupées.

Paul GIRON.

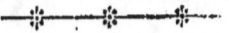

Le Frère quêteur.

PARMI les étrangers que la douceur du climat attire chaque hiver dans la ville de Nice et dans les environs, on remarquait, il y a quelques années, un gentilhomme anglais, qui se distinguait par son excentricité et surtout par son humeur bilieuse : il s'emportait pour des riens et se mettait sans cesse en colère. Sa demeure était une des plus splendides villas du pays.

Non loin de là, se trouve un couvent de Frères Mineurs. Ces religieux, fidèles observateurs de la règle franciscaine, vivent des aumônes qu'ils reçoivent chaque semaine des fidèles, en échange des secours spirituels qu'ils leur procurent dans leurs églises.

Il arriva qu'un samedi,... jour ordinaire où les Frères font leur quête à domicile, un Frère convers se présente, le sac sur l'épaule, devant la villa qu'habitait notre gentilhomme, et, voyant la porte entr'ouverte, il a la hardiesse d'entrer et de solliciter une aumône.

Le pauvre Frère s'adressait bien mal, car le milord était, ce jour-là, d'une humeur massacrante.

A peine a-t-il aperçu le quêteur qu'il s'emporte contre lui, et, dans un langage moitié anglais moitié français, il lui ordonne de cesser sa prière et de se retirer.

Le Frère, qui avait peine à comprendre le français, et qui ne connaissait pas un mot d'anglais, ne se déconcerte pas, et il renouvelle sa demande avec instance. Ce que voyant, le gentilhomme, qui ne se possédait plus, saisit une canne et en applique quelques coups sur les épaules du Frère quêteur, pour lui faire comprendre qu'il doit déguerpir au plus tôt.

Le religieux, peu habitué à recevoir de telles aumônes, s'esquiva aussitôt, emportant sur ses épaules son sac et les traces des coups qu'il avait reçus.

Quelques semaines s'étaient écoulées depuis cette aventure, quand, un jour, l'Anglais vint sonner au couvent des Franciscains. Il aimait la peinture, il était quelque peu artiste, et il employait ses loisirs à dessiner des paysages. Sachant que le jardin des religieux dominait toute la ville et qu'on jouissait de là d'une vue magnifique, il venait demander au Supérieur la permission d'entrer dans le jardin du couvent et d'y séjourner quelques heures, afin de pouvoir prendre quelques croquis.

Le Supérieur lui accorde gracieusement la permission qu'il sollicitait, et désigne un Frère pour lui procurer tout ce dont il aurait besoin.

Le bon Frère conduit l'étranger à travers les cloîtres, jusqu'au jardin, et lui indique les points de vue les plus remarquables, répond de son mieux aux questions qui lui sont faites, et va chercher une table et un siège, afin que notre artiste puisse travailler plus facilement.

Lorsqu'il eut terminé ses croquis, l'Anglais voulait se retirer ; mais le Frère qui l'accompagnait l'engage à entrer un instant, et il le conduit dans une salle du couvent, où, selon la coutume franciscaine, on offrait quelques rafraîchissements aux étrangers. Le gentilhomme accepte, non sans s'être fait prier quelque peu.

Tandis qu'il prenait cette collation, qu'on

lui offrait simplement, mais de bon cœur,
notre Anglais change tout à coup de couleur
et paraît être dans un étrange embarras. Il
avait cru reconnaître dans le religieux qui
le servait si bien, celui-là même qu'il avait si
maltraité, quelques semaines auparavant, à
la porte de sa villa.

Tout d'abord, il veut se persuader que
c'est un effet de son imagination, mais bientôt, n'y tenant plus et ne voulant pas quitter
le couvent sans avoir le cœur net de cette
affaire, il s'adresse au Frère et lui dit avec
une certaine inquiétude :

« N'est-ce pas vous qui êtes le quêteur du
couvent ? N'est-ce pas vous qui avez été
battu dernièrement par un Anglais à la porte
de sa villa, où vous demandiez l'aumône ? »

Sur la réponse affirmative du religieux,
l'Anglais, au comble de l'étonnement, ajoute
aussitôt :

« Mais comment pouvez-vous me recevoir
si bien et me traiter si généreusement, lorsque je vous ai refusé l'aumône et que je vous
ai frappé si cruellement ? Vous ne m'avez
sans doute pas reconnu ?

— Excusez-moi, milord, répond l'autre en souriant modestement, je vous ai très bien reconnu ; mais *la religion que je professe m'ordonne de pardonner les injures, d'aimer mon prochain et de lui rendre le bien pour le mal.* »

Cette réponse, faite avec tant de calme et de modestie, produisitt sur le gentilhomme une impression si profonde que, faisant appeler aussitôt le Supérieur, il lui raconta les événements de ce mémorable samedi, et demanda pardon au Frère des mauvais traitements qu'il lui avait infligés.

Il ne se borna pas là : il envoya, le jour même, une généreuse offrande au couvent, et il supplia le Frère quêteur de se présenter chaque samedi dans sa villa. Le Frère y alla régulièrement, et chaque fois il reçut une aumône abondante.

Cette noble expiation, cette générosité du riche gentilhomme ne fut pas sans récompense : — quelques mois après, le lord anglais se convertissait et devenait un fervent catholique.

Les buissons vivants en Afrique.

En ce temps-là, les *buissons vivants* coûtaient, chaque nuit, plusieurs têtes à la colonne expéditionnaire ; les troupes françaises opéraient en pleine Kabylie, du côté des Babords ; elles avaient affaire aux plus ingénieux et aux plus hardis des montagnards de l'Atlas ; chaque matin, on relevait des corps décapités de sentinelles, et l'on ne comprenait pas comment les malheureux soldats se laissaient surprendre.

Une nuit, la 3e compagnie était de grand'-garde et son escouade se trouvait détachée en avant-poste.

Vers dix heures du soir, un zouave va relever la sentinelle perdue ; il revient annonçant qu'il a trouvé son camarade sans tête. On va chercher le corps et on laisse la sentinelle en position d'attente derrière un buisson, après force recommandations de ne pas dormir. Une heure après, on va le relever... Il a aussi la tête coupée.

La chose prenait un caractère sinistre, surtout pour celui dont c'était le tour de faction.

— Si tu dors, lui dit le caporal, tu es un homme mort. Ouvre l'œil. Passe-toi un peu de jus de tabac sur les yeux, si tu sens le sommeil venir ; rien de pareil pour tenir un homme éveillé. Du reste, ça te regarde ! il y va de ta peau...

Le zouave changea de buisson, prit toutes ses précautions et se tint aux aguets ; du moins on le supposa, car c'était un homme aguerri.

Et pourtant, au bout d'une heure, on le trouva décapité.

*
* *

Le caporal de l'escouade était un type original nommé Louzeau de Bellemare, apparenté aux Carré de Bellemare ; il était cousin du général de ce nom. Quoique noble, il ne savait ni lire ni écrire ; mais il était gentilhomme jusqu'au bout des ongles.

C'était un petit homme maigre, agile, très résistant, un vrai corps de chat ; il avait la plus belle barbe des trois provinces et pouvait en boucler la pointe de son ceinturon. Le régiment était très fier de cette barbe, célèbre dans l'Algérie. Quand Louzeau de Bellemare était mécontent du colonel, il menaçait de couper sa barbe. Grande rumeur ! Le colonel finissait par s'adoucir.

Louzeau, voyant sa troisième sentinelle morte, déclara qu'il ferait faction lui-même.

On frémit... pour sa barbe.

Il ne tint compte d'aucune observation et s'installa à l'ombre d'un bouquet de lentisques ; je dis à l'ombre, car la lune rayonnait à l'horizon.

Au moment où Louzeau prit la faction, il était près de 3 heures du matin ; il avait défendu qu'on vînt le relever avant la pointe du jour.

A l'aube, son escouade alla curieusement voir ce qui était advenu de la plus belle barbe du régiment, et l'on aperçut, piquée sur un fort bâton de lentisque planté en terre, une superbe tête de nègre, à gauche de l'embuscade de Louzeau ; quant à lui, il fumait tranquillement sa pipe, assis sur le tronc décapité d'un nègre gigantesque.

A droite de Louzeau on crut voir un zouave

en faction, accroupi sous son capuchon ; mais il montra à ses hommes que ce n'était là que trompe-l'œil et illusion. Le capuchon était disposé habilement sur une touffe de palmiers-nains.

On retrouva, non loin du théâtre du drame, les têtes des trois zouaves et on les emporta au camp, où Louzeau fut emmené triomphalement sur les épaules des survivants de l'escouade, y compris le zouave Foutrain et son chien.

Dès cette nuit, grâce à Louzeau de Bellemare, le truc des Kabyles fut connu ; ils se déguisaient en buissons vivants. Voici comment ils procédaient :

En Algérie, le vol de nuit était très pratiqué avant la pacification ; les voleurs allaient, et vont encore, tout nus, le corps frotté d'huile, par ce double motif que l'huile les protège contre la rosée et les rhumes et que, si l'on vient à les saisir par le bras ou la jambe, ils vous glissent dans les mains comme l'anguille.

Très adonnés aux rapines nocturnes, les Babords, lorsqu'ils voulaient aborder une sentinelle ou pénétrer dans un camp, s'ajustaient, sur le corps, des branchages légers, de façon à ressembler, non pas à un arbuste, comme on l'a dit, mais à un buisson assez volumineux. Le système d'ajustement était combiné de telle façon, qu'en coupant une cordelette en poils de chameau, tout tombait ; l'homme restait nu, huilé, presque insaisissable, armé de deux pistolets et d'un flisso retenus à la ceinture par une courroie.

C'est ainsi qu'aujourd'hui encore, dans le Sud Oranais, les indigènes marchent sur nos sentinelles, rapidement d'abord, tant qu'ils ne sont pas en vue, ralentissant l'allure à mesure qu'ils approchent. Ils en arrivent à piétiner si lentement, mettant à peine un demi-pied devant un pied, que la sentinelle ne voit pas le buisson vivant marcher.

Ils dépassent ainsi le cordon des avant-postes.

Les uns ont pour objectif de pénétrer dans le camp, et ils continuent leur marche dans le but de voler un cheval.

Les autres, après avoir dépassé une sentinelle, font demi-tour et reviennent sur elle piétinant toujours.

A portée, le buisson vivant dégage son flisso et tue son adversaire d'un coup habile, qui consiste à lui couper la gorge et à tenir sa victime terrassée pendant la minute d'agonie.

A lui, alors, la tête, le fusil et la giberne du soldat.

Rien de plus difficile, dans la nuit, que de reconnaître le buisson vivant au milieu des broussailles ; à regarder dans les ténèbres, il se produit, pour l'œil, un phénomène d'optique qui fait tourner les objets en cercles concentriques qui troublent singulièrement la vue.

Le nègre qu'avait tué Louzeau de Belle-mare était un buisson vivant ; le caporal avait eu comme le pressentiment de la ruse du noir Kabyle ; il avait disposé son capuchon derrière le buisson d'embuscade, de façon à ce qu'il parût être un zouave replié sur lui-même et aux écoutes ; puis il s'était glissé dans le buisson même.

Le nègre était arrivé sur le faux zouave et

lui avait asséné un coup de pointe de flisso ; mais Louzeau, d'un vigoureux coup de sa baïonnette envoyé du fond du buisson, avait lardé de part en part le buisson vivant qui était tombé sans proférer un cri.

Le Canard.

CE jeu est composé du *palet* et de la *poursuite*. Les joueurs sont munis d'une pierre plate de la forme d'un palet, ou même d'une pierre quelconque d'environ six centimètres de diamètre. L'un d'eux place la sienne sur une grosse pierre, tandis que les autres, se tenant derrière une ligne tracée à six ou sept mètres de distance, lancent leur palet à tour de rôle et cherchent à abattre le « canard. » — C'est le nom que reçoit la pierre du patient. — Ceux qui n'y parviennent pas vont se placer près de leur palet et y attendent que le canard tombe. A cet instant, chacun relève vivement son palet et se dirige à la course vers la ligne, poursuivi par le propriétaire du canard, lequel a dû, au préalable, replacer son palet sur la pierre. Celui qui est touché prend le rôle de patient. Les plus habiles n'attendent pas la chute du canard pour relever leur palet et prendre la fuite ; mais il est entendu que si, pendant la poursuite, l'un des joueurs renverse le canard, les poursuivis ne seront plus de prise aussi longtemps qu'il n'a pas été remis en place.

Il n'est pas inutile de recommander aux joueurs la prudence. Il ne faut pas, dans l'ardeur du jeu, lancer maladroitement son palet, au risque de toucher, au lieu du « canard, » un camarade ou les petits spectateurs qui s'approcheraient trop du jeu.

Bons Mots.

UN flâneur aborde sur le boulevard un de ses amis qui a l'air très pressé :

— Comment allez-vous ? lui dit-il.

— Très vite !... répond l'autre sans s'arrêter.

***

— Qu'est-ce qui vous appartient et dont les autres se servent plus souvent que vous ?

— C'est votre nom : car les autres vous nomment plus souvent que vous.

Deviner le total de plusieurs dés.

QUELQU'UN ayant jeté trois dés à votre
insu, dites-lui d'ajouter ensemble tous
les points qui sont amenés, puis que, laissant
un de ces dés à part sans le déranger, il
prenne les points qui sont en dessous des
deux autres, et qu'il les ajoute à la somme
des points précédents. Faites-lui encore jeter
ces deux dés, et qu'il compte les points qui
en proviendront et les ajoute à la dernière
somme ; puis, laissant à part avec le premier
l'un de ces deux dés, sans le changer de position, qu'il prenne les points qui sont sous
l'autre et les ajoute au reste ; enfin, qu'il jette
encore ce troisième dé, qu'il ajoute à la
somme totale les points qui viendront dessus,
et qu'il place ce dé, sans le retourner, avec les
deux autres. Alors vous approchez de la table,
et, regardant les points qui restent sur les
trois dés, vous y ajoutez 21, et vous avez la
somme égale à celle produite par toutes les
opérations susdites. Exemple : les trois premiers dés ont produit 5, 3, 2, en tout 10 ; laissant 5 à part, on trouvera 4 et 5 sous 3 et 2,

qui, ajoutés à 10, font 19. Jetant de nouveau les deux dés, si les points de dessus sont 4 et 1, ajoutés à 19, ils feront 24 ; laissant 4 à part, sous l'autre dé on trouvera 6, qui, joints à 24, donnent 30. Puis, jetant ce troisième dé, vous ajoutez son produit à la somme précédente : on suppose que ce soit 2, on aura 32. Ce dé étant alors placé avec les deux autres, vous aurez, sur les trois, 5, 4 et 2, qui font 11 au total. A cette somme, ajoutez 21 (trois fois 7), vous aurez aussi 32, somme pareille. Ce jeu pourrait encore se pratiquer avec un plus grand nombre de dés, en observant d'ajouter à 21 autant de fois 7 qu'on aura fait ajouter de fois les points opposés d'un dé. Il faut aussi faire attention que les dés soient bien faits, c'est-à-dire que les points de dessus, joints à ceux de dessous, fassent toujours 7.

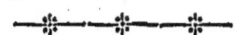

Le fromage de Roquefort.

Qui ne connaît le fromage de Roquefort ! Mais combien de personnes ignorent qu'il est fait de lait de brebis, quelle en est la manipulation, comment on le fabrique et on le conserve !

Les campagnes qui environnent la petite ville de Roquefort l'ont rendue célèbre par leurs produits. Il serait à désirer qu'on ne se fît jamais connaître que par ses bienfaits. Plus de 60.000 agriculteurs s'occupent de cette industrie et fabriquent annuellement 14 millions de kilogrammes de ce fromage.

On sait que pendant les mois de juillet et d'août, lorsque les chaleurs nuisent aux autres fromages, le roquefort alimente presque seul les tables de nos restaurants. C'est alors un fromage d'une pâte blanche et cassante, striée de veines parfaitement bleues. Plusieurs personnes le préfèrent ainsi, d'autres l'aiment plus avancé.

Des goûts et des couleurs, il ne faut pas discuter.

A partir du mois de novembre, la pâte devient grasse et même, dans certaines parties, un peu brunâtre ; les veines bleues pâlissent, et l'on rencontre de temps en temps des craquelures remplies d'une matière onctueuse et rougeâtre qui fait les délices des gourmets.

Comme je l'ai dit plus haut, ce fromage est fait avec du lait de brebis. Un troupeau de 200 brebis occupe sept personnes dont les opérations sont multiples : traire deux fois par jour, préparer les fromages, les descendre dans les caves, veiller à la conservation des produits et à leur expédition dans toutes les villes de France et de l'Étranger.

Il est d'usage de mêler le lait provenant de la traite du soir avec celui du lendemain matin, que l'on obtient avant le départ du troupeau pour le pâturage. Afin d'aider à l'épaississement du lait, on le chauffe.

Des moules en terre cuite, percés de trous, sont destinés à recevoir le lait caillé. Entre les différentes couches, on répand une poudre verdâtre qui est fournie aux cultivateurs par l'administration des caves. C'est de la moisissûre d'un pain préparé spécialement et conservé avec certaines précautions. Cette poudre produit les veines bleues qui distinguent le roquefort.

Lorsque les fromages ont acquis la consistance voulue, on les dépose dans une pièce appelée *saloir*, où on leur infuse 4 p.100 de sel.

Après cette opération, on descend successivement les fromages dans des caves inférieures, superposées et devenant de plus en plus froides.

Ce sont des cavités naturelles et irrégulières, n'ayant guère que 10 mètres dans leur plus grande longueur. Presque toujours les parois sont des rochers nus. La maçonnerie n'y joue qu'un rôle secondaire. On craint de changer les anciennes conditions des caves, auxquelles on attribue une grande part dans le succès de l'industrie de ce pays. Un air vif et glacé s'échappe de longues fissures naturelles.

Pendant deux ou trois semaines, de grandes barbes blanches poussent sur le fromage; on les enlève en râclant à plusieurs reprises. Ces excroissances diminuent au fur et à mesure que le fromage se durcit. Après six ou sept semaines de séjour dans les caves, le fromage ne porte plus aucune trace de petit lait; la pâte s'est condensée et laisse voir des stries d'un bleu plus ou moins prononcé; en un mot, il est tel que les consommateurs le désirent.

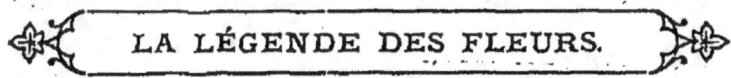

LA LÉGENDE DES FLEURS.

Les muguets.

Dans le comté de Sussex, au sud de l'Angleterre, il existe une gracieuse légende au sujet de ces jolies fleurs aux clochettes blanches. A une époque reculée, la superficie de ce pays était couverte d'épaisses forêts, dont les deux plus considérables s'appelaient la forêt d'Andredeswald et celle de Saint-Léonard.

Dans les profondeurs de cette dernière, vivait le vénérable vieillard devenu plus tard saint Léonard.

Un dragon gigantesque, *a mightie roorm*, nous disent les anciens chroniqueurs, infestait la contrée. Le saint ermite, en nouveau saint Georges, résolut de combattre ce redoutable monstre. S'armant contre le dragon, il lutta contre lui, le terrassa et délivra ainsi le pays de ce fléau. Mais partout où, durant l'action, avait coulé le sang du saint, surgirent de blancs muguets tapissant le sol.

Ce sont les fleurs sauvages qui, encore de nos jours, se vendent au marché de *Covent-Garden* à Londres.

La rose mousse.

Un ange, rempli d'ardeur pour le service de Dieu, désira accomplir une mission de charité ici-bas.

I descendit des hauteurs du ciel et revêtit une forme humaine.

Il essaya de soulager et de consoler ceux qui souffraient, de ramener dans la droite voie ceux qui s'égaraient ; mais bientôt le péché et les misères de ce monde l'accablèrent de tristesse. Fatigué, il chercha un lieu où se reposer. Aucun homme ne lui offrit un asile ; alors, il s'étendit à l'ombre d'un rosier. Les fleurs au doux parfum ne tardèrent pas à lui accorder un bienfaisant sommeil, les feuilles le préservant de la rosée de la nuit.

Au matin, les chauds rayons du soleil réveillèrent l'ange ; il regarda avec reconnaissance le rosier.

— Puisque tu as eu la générosité de me

donner un abri, lui dit-il, moi, de mon côté, je veux te faire un don ; à l'avenir, tu porteras un vêtement qui te protégera contre la bise et les vents froids.

En prononçant ces paroles, l'ange toucha le rosier et de la mousse recouvrit les boutons, les enveloppant d'un manteau qui ne tarda pas à être orné des gouttelettes d'argent de la rosée. L'ange ensuite reprit sa première forme et s'éleva vers le ciel ; mais jusqu'à ce jour la rose a porté sa parure de mousse verte...

Traduit de l'anglais par H. de Fonseca.

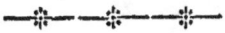

Les dix écus de S. François de Sales.

UN particulier d'une solvabilité fort équivoque demanda un jour à saint François de Sales vingt écus à emprunter, et voulait lui faire une promesse. Le saint évêque n'avait pas toujours de telles sommes à donner ; néanmoins, comme il avait le cœur bon, et qu'il se fût mis en pièces pour le prochain, il s'avisa d'une adresse qui soulagea l'emprunteur et qui proportionna la libéralité du prélat à ses forces ; il alla prendre dix écus, et lorsqu'il fut revenu : « Mon ami, dit-il avec son gracieux sourire, j'ai trouvé un expédient qui nous fera gagner dix écus à chacun, si vous voulez me croire. — Monseigneur, dit cet homme déjà tout à l'aise, que faudra-t-il faire ? — Nous n'avons, vous et moi, répondit le saint, qu'à ouvrir la main ; ce n'est pas difficile. Tenez, ajouta-t-il, voilà dix écus que je vous donne en pur don, au lieu de vous en prêter vingt. Vous gagnerez ces dix écus, et moi, je tiendrai les dix autres pour gagnés, si vous m'exemptez de vous les prêter. »

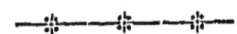

Les dix sous de Nicolas.

NICOLAS avait été le premier à l'école.

Comme cela ne lui était encore jamais arrivé, pour lui prouver sa satisfaction, son père lui fit cadeau d'une belle pièce de dix sous.

Nicolas, qui n'avait jamais eu tant d'argent à sa disposition, était ravi.

Il ne faisait que regarder son trésor, se demandant à quoi il pourrait l'employer, tant il lui semblait inépuisable.

Justement, c'était le lendemain la fête du village. Il pensa, une partie de la nuit, à tous les plaisirs qu'il pourrait s'offrir, et ce fut avec la joie la plus vive qu'il prit le lendemain le chemin de la fête.

Il passa en revue toutes les attractions, hésitant entre les marionnettes, les chevaux de bois et les mille friandises étalées devant lui ; en lui-même il comptait le nombre de choses qu'il pourrait avoir avec ses dix sous, et pensait même à rapporter quelque chose à sa petite sœur.

Pendant qu'il réfléchissait ainsi, il aperçut un de ses petits amis, domestique dans un château voisin, qui pleurait à chaudes larmes.

— Qu'as-tu, mon pauvre Jacques, à te désoler ainsi ?

— Ah ! Nicolas, je suis bien malheureux ! Mon maître m'a donné une dépêche à porter au télégraphe avec une pièce de dix sous pour la payer, et voilà que j'ai perdu ma pièce! J'ai beau la chercher, je ne peux la retrouver. Mon maître ne me croira jamais quand je lui dirai que je l'ai perdue. Il croira que je l'ai prise pour m'amuser à la fête. Il me chassera et m'appellera voleur... Mon Dieu! mon Dieu! que je suis malheureux!

Et le pauvre Jacques sanglotait plus fort.

Nicolas était ému devant ce désespoir.

Il sentait la pièce de dix sous dans la poche de sa veste, et songeait qu'il était en son pouvoir de consoler son ami. Jetant un dernier regard sur la place de la fête, il dit adieu à tous les plaisirs qu'il s'était promis, et, tirant l'argent de sa poche, il lui dit :

— Ne pleure pas, Jacques ; voilà une belle pièce que l'on m'avait donnée pour m'amuser, prends-la et fais ta commission, car je ne pourrais pas m'amuser te sachant dans la peine.

— Merci, oh! merci, Nicolas! Le bon Dieu te récompensera.

Nicolas revint chez lui les mains vides, mais il n'en était pas ainsi devant le Seigneur.

Il rapportait de la fête du village un bien d'autant plus précieux qu'il était impérissable: il avait fait une bonne action.

(Comtesse DE WILT.)

Un trait charmant de charité.

UN enfant de six ans s'en allait à l'école avec son déjeuner à la main. Il rencontra un petit pauvre qui avait faim, et lui donna la moitié de son déjeuner.

Le lendemain il fit la même chose, et continua longtemps ainsi.

A la fin, sa mère le sut et lui dit :

« Mon enfant, il faut manger ton déjeuner tout entier ; tu en as besoin pour grandir. »

Mais l'enfant, avec un ravissant sourire :

« Petite mère, dit-il, laisse-moi partager ainsi mon déjeuner ; car, vois-tu, quand j'en ai donné la moitié, l'autre moitié me semble bien meilleure, et je suis sûr qu'elle me fera grandir plus vite. »

L'heureuse mère, toute fière d'un tel enfant, fut si contente de la réponse, qu'aussitôt deux larmes de bonheur coulèrent de ses yeux. Et,

sans qu'il y parût, elle augmenta insensible-
ment le pain du déjeuner, afin qu'il y en eût
davantage pour l'enfant et pour son petit frère
adoptif.

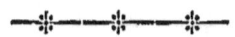

Une manière de se désaltérer.

UN excellent homme, mort il y a quelques
années, remplissait dans l'Œuvre de
l'Adoration Nocturne de Paris les fonctions
modestes de commissionnaire ou hôtelier. Il
se nommait Antoine Ricoux.

Il avait à transporter des objets de cou-
chage et les traînait dans une petite charrette. Son âge et les grandes distances
rendaient cette occupation très fatigante, et
bien soùvent, dans les chaudes et lourdes
journées de l'été, il sentait la soif monter de
sa poitrine brûlante à ses lèvres desséchées.

Il s'arrêtait alors devant un cabaret ; puis,
prenant une pièce de monnaie de sa poche
droite, il la mettait dans sa poche gauche, et
poursuivait son chemin jusqu'à ce qu'il eût
rencontré un pauvre.

Dès qu'il l'apercevait, il laissait un moment

sa charrette ; il s'avançait vers lui, la tête découverte par respect, et lui donnait sa pièce de monnaie en disant :

« Tenez, Monsieur, voilà pour vous désaltérer ! »

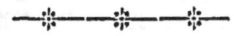

Anecdote.

PAUL, pour ses sept ans, a reçu un tricycle. Très adroit, il roule à plaisir dans les chemins ombragés de la petite ville d'eaux où son père exerce la médecine en été. Cela change de l'asphalte de Paris et de la promenade quotidienne au parc Monceau !

Mais papa ne veut pas que l'on prête le tricycle aux camarades, parce qu'un ressort a plus d'une fois été cassé.

Un jour, notre bambin, pris en flagrant délit de désobéissance par son père, cherche une excuse et la trouve. Les enfants ont si vite inventé une réponse !

« Père, tu n'as pas vu ? c'était le fils d'un de tes *clients* !... Que voulais-tu que je fisse ? je ne pouvais pas refuser ! »

FANTAISIES MUSICALES.

— Comment se nomme ton ami ?

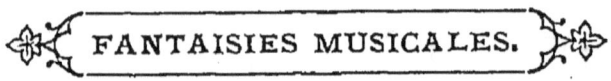

— Que fait là ce miroir ?

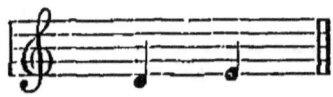

— Que veut-il en faire ?

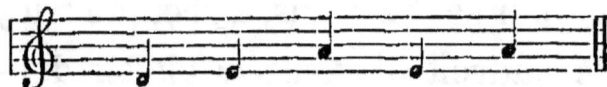

— Le cadre en est magnifique !

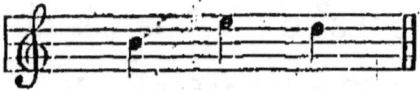

* *
*

Un musicien étant mort d'une indigestion de poisson, on mit sur sa tombe cette épitaphe :

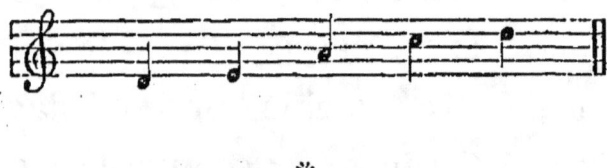

— Que souhaite un frotteur au moment de se mettre à l'ouvrage ?

— Un parquet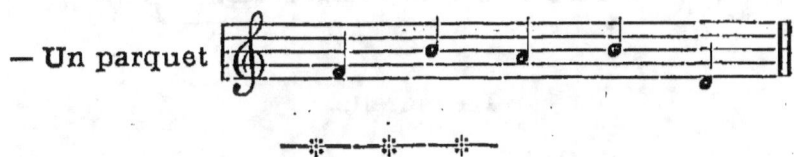

La mesure d'un chapeau.

BIEN peu de personnes se rendent compte de la hauteur des objets les plus usuels ; il semble que nous soyons à ce sujet l'objet de perpétuelles illusions d'optique. Il suffit, pour s'en convaincre, de tenter l'expérience suivante :

Vous prenez un chapeau de haute forme, vous le placez sur la table et vous demandez aux personnes présentes si elles sauraient en apprécier exactement la hauteur.

Toutes de vous répondre que oui.

Priez-les alors de marquer avec un crayon, au bas de la muraille ou d'un meuble quelconque, la hauteur approximative du chapeau. Toutes marqueront une hauteur trop grande, tout au moins suffisante pour un chapeau et demi.

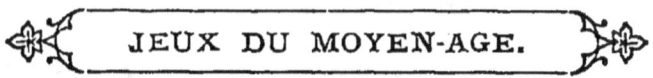

JEUX DU MOYEN-AGE.

La marelle.

LA *marelle* est un jeu fort ancien. La forme de la table de la marelle que nous donnons ci-après est du XIVe siècle.

Ses lignes n'ont pas varié depuis lors ; les

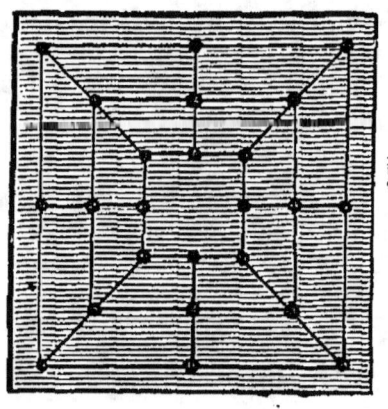

points noirs à chaque angle et intersection des lignes indiquent la place des pions qu'on doit y laisser ; ces pions se distinguent par des différences de forme ou de couleur. Voici en peu de mots en quoi consiste ce jeu : deux personnes ayant chacune neuf pièces ou pions les posent alternativement, une à une, sur les points ; et le soin de chacun des joueurs est d'empêcher son antagoniste de placer trois de ces pièces de manière à former un rang non interrompu.

Si un rang de ce genre est formé, on a le droit de prendre à volonté l'une des pièces de son adversaire; excepté toutefois parmi celles qui forment un rang, pourvu qu'il y en ait d'autres auxquelles on puisse toucher. Quand toutes les pièces sont placées, on les joue en avant et en arrière, dans toutes les directions où les lignes sont tracées, mais on ne peut sauter à la fois que d'un point à un autre qui en est voisin; celui qui prend toutes les pièces de son adversaire est le vainqueur.

Lorsque les enfants veulent jouer à ce jeu au grand air, sur une plage ou dans un jardin, ils tracent les lignes sur le sol, et font un petit trou pour chaque point. Ils ramassent alors, pour servir de pions, des pierres différentes de forme et de couleur, et jouent, en les plaçant dans les trous, de la même manière qu'ils poseraient les pions sur la table.

Le renard et les oies.

CE jeu ressemble un peu à celui de la *marelle* par la manière dont les pièces se meuvent, mais il en diffère sous d'autres rapports, et particulièrement par la forme du tableau ; les intersections et les angles sont

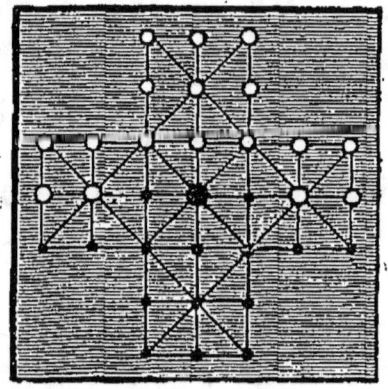

plus nombreux, et par conséquent les points le sont aussi, ce qui ajoute au nombre des coups.

Pour jouer ce jeu, il y a dix-sept pieux qui représentent les oies, placés comme l'indique notre gravure ; le renard est au milieu, se distinguant par sa taille ou sa différence de couleur. Le but du jeu est d'enfermer le renard de telle sorte qu'il ne puisse plus se mouvoir. Toutes les pièces peuvent aller d'un point à un autre dans la direction des lignes droites, mais sans franchir deux espaces à la fois. Il faut observer que sur le tableau les trous sont quelquefois percés de part en part, et qu'on y introduit des chevilles en nombre égal à celui des oies, le renard étant distingué par une cheville plus haute et plus grosse que les autres. Les oies ne peuvent prendre le renard; mais le renard peut prendre une oie dans une case quelconque, si le point derrière elle inoccupé n'est pas gardé par une autre oie. La partie est terminée si elles sont toutes prises, ou si leur nombre est réduit de telle sorte que le renard ne puisse plus être enfermé. Le point capital de ce jeu consiste en ce que le renard doit inévitablement être bloqué, si les oies sont maniées par une main tant soit peu exercée.

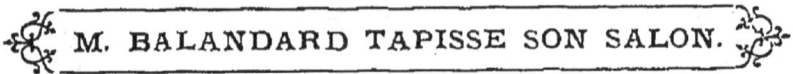

M. BALANDARD TAPISSE SON SALON.

Monsieur Balandard. — Tu as beau dire, Madame Balandard, ces tapis-

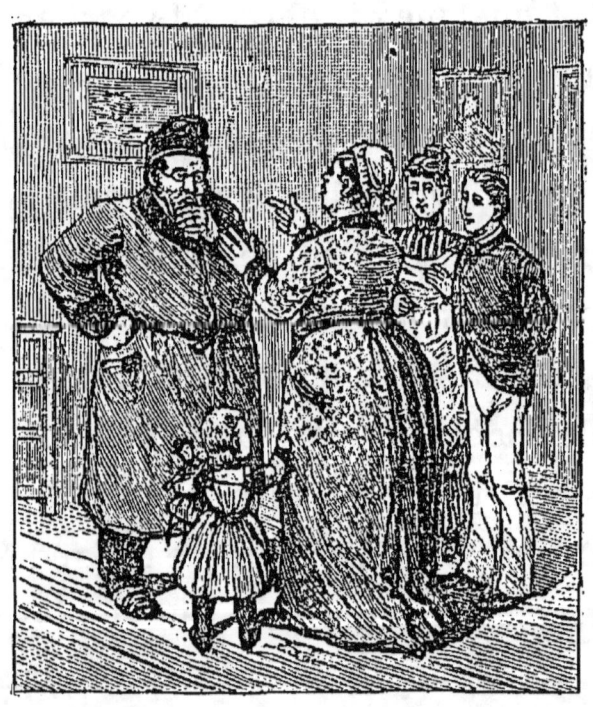

siers sont si cher !...

Mme Balandard. — Notre salon ne peut plus demeurer comme il est !... D'ailleurs, nous ferions bien ça nous-mêmes. Ça ne nous coûtera que le papier.

Mme BALANDARD. — C'est pour mon salon, Monsieur. Je voudrais du beau... pas trop cher.

LE COMMIS. — Madame ne saurait rien

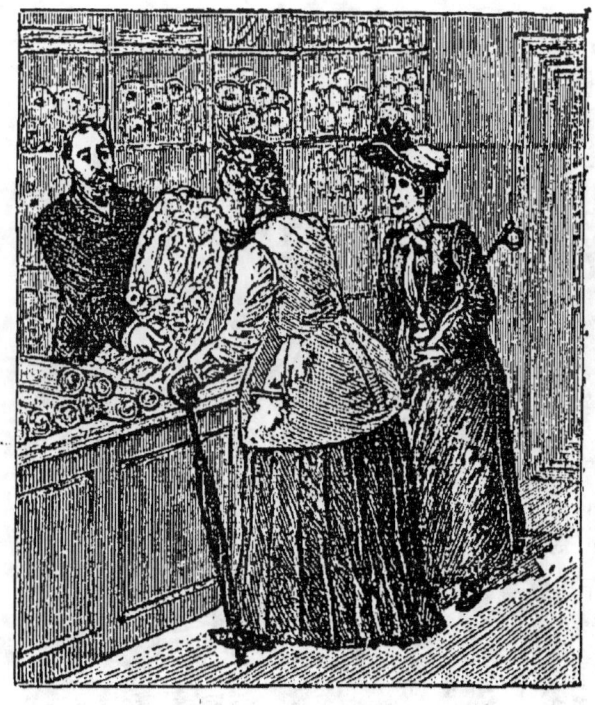

trouver de plus avantageux que ce solde de dix rouleaux que nous lui céderons à 1 fr. 50 le rouleau au lieu de 2 francs.

Mme BALANDARD. — Dix rouleaux, ça doit être bien assez. Je les prendrai.

Mme BALANDARD. — Mais qu'est-ce que vous faites donc, mes enfants ?

LE JEUNE AGATHON. — Maman, ce sont les poids.

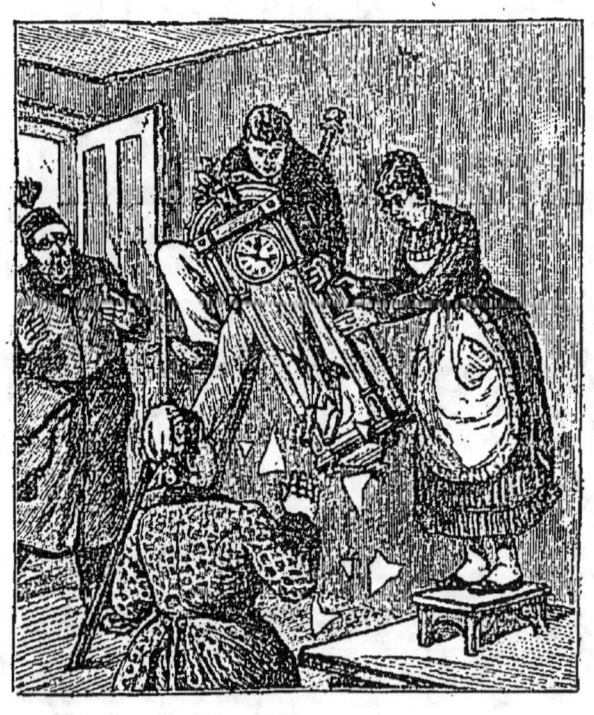

M. BALANDARD. — Comment ? ma belle horloge de Suisse ! Et tout à l'heure, un cadre ! Vous ne savez toucher à rien sans le casser.

M. Balandard se met au travail de très mauvaise humeur.

Mme Balandard. — Prenez donc des pré-

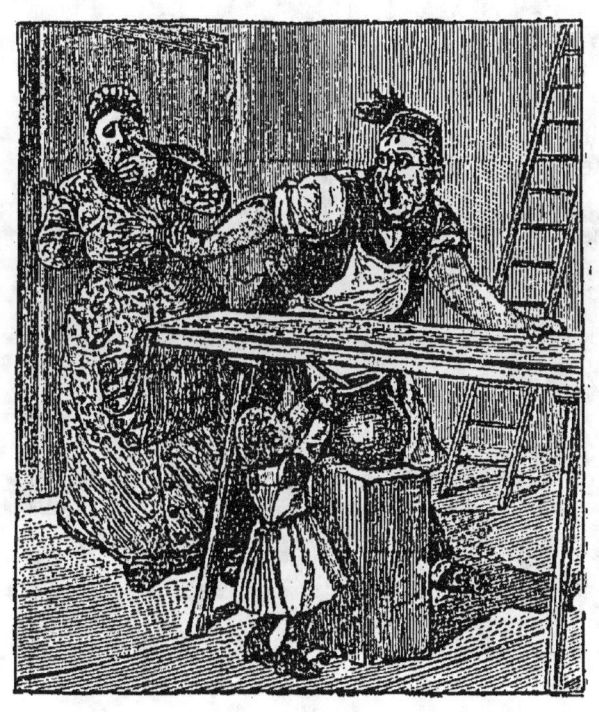

cautions, M. Balandard, vous tachez toute ma robe.

Tout le monde s'y met.

M. BALANDARD *(impatient)*. — Attention donc, Agathon ! Mon Dieu ! tu vas déchirer le rouleau.

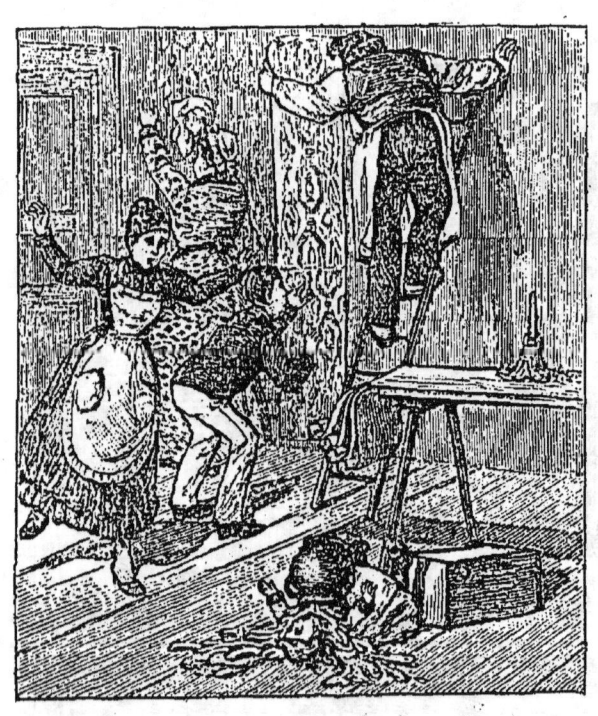

Prends donc plus de précautions !

LA JEUNE NOÉMIE. — Mon Dieu ! Bébé qui fait tomber la colle !

M. BALANDARD *(très furieux)*. — Oh ! sapristi ! je me suis enfoncé un clou dans la main !

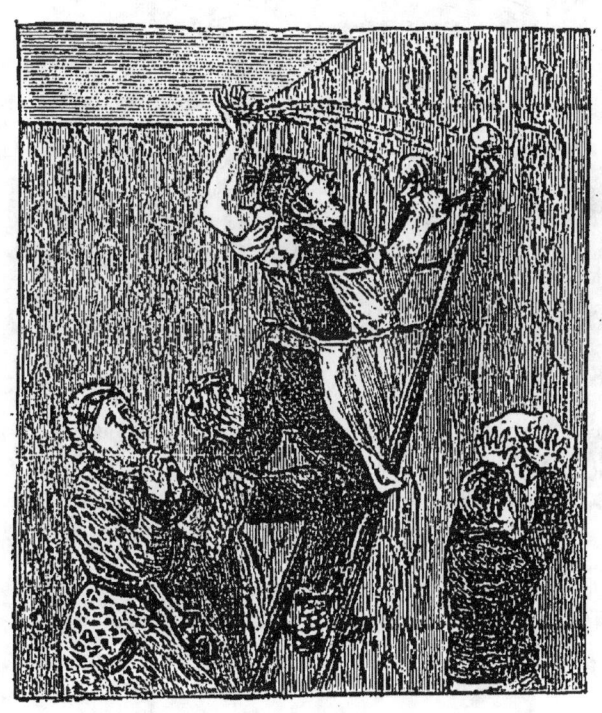

Mme BALANDARD. — Et remarquez qu'il y a énormement de taches de sang sur le papier !

M. BALANDARD *(rageant)*. — Peut-on être aussi maladroite ! Tu vas nous abîmer tout le papier, Madame Balandard.

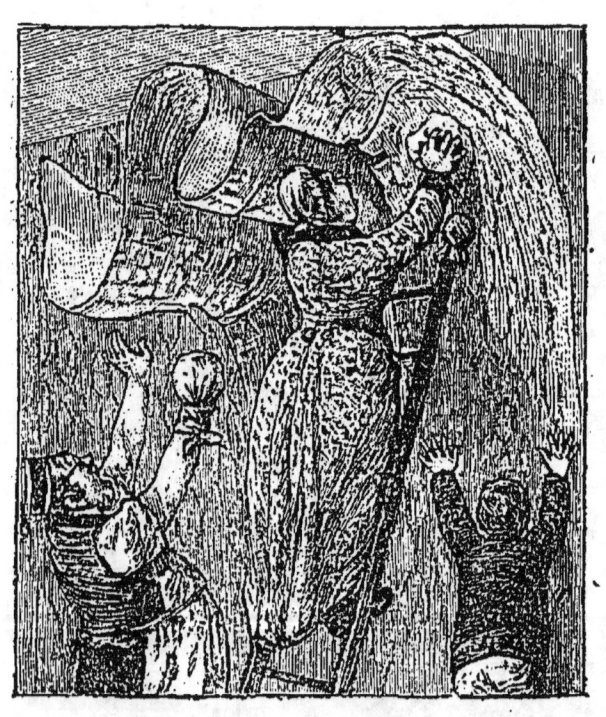

Mme BALANDARD. — C'est ta colle qui ne vaut rien, Monsieur Balandard.

M. BALANDARD *(exaspéré)*. — C'est trop

fort ! il manque un demi rouleau !... Voilà bien tes idées, Madame Balandard. Pour économiser une journée de 3 francs, tu m'en

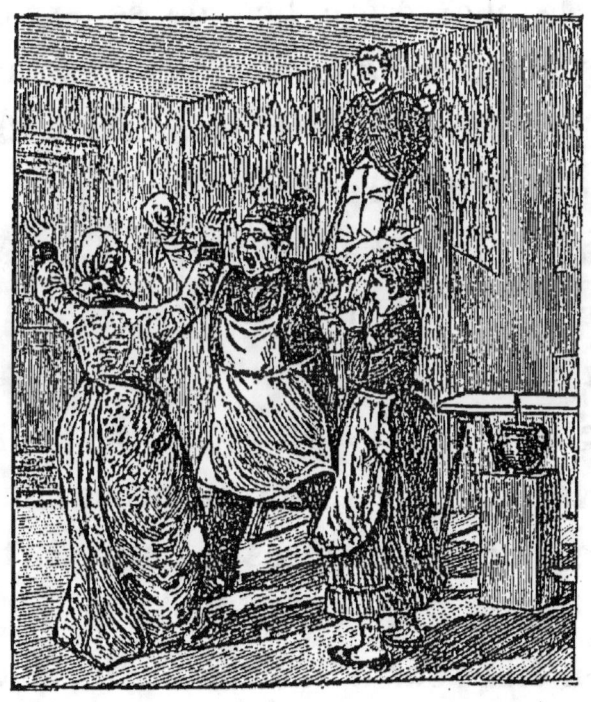

as fait dépenser 25 inutilement, sans compter mon cadre et ma pendule !

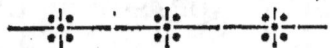

Un tour de dominos.

Un jeu de dominos forme le cercle quand on met les dés à la suite les uns des autres suivant la règle ; il s'ensuit que si l'on enlève du jeu un dé qui ne soit pas un double, la chaîne, au lieu de se fermer, se terminera à l'une de ses extrémités par l'un des points du domino enlevé, et à l'autre extrémité par l'autre point.

Supposons qu'on ait enlevé le 4 et 6 ; un des bouts du jeu aura le point 4, l'autre bout le point 6.

Cette propriété peut être mise à profit pour exécuter un tour qui surprend toujours les personnes étrangères à cette sorte de calcul.

Le jeu étant sur la table, on le mêle de la façon ordinaire, sans affectation, mais l'on a soin d'enlever un domino qu'on dissimule dans le creux de la main et qu'on glisse dans sa poche ou dans sa manche, après en avoir regardé les points à la dérobée.

On prie alors une personne de la société de tirer un domino au hasard, et, après avoir demandé le point de ce domino, on semble se plonger dans un calcul profond à la suite duquel on annonce que les dominos mis bout à bout formeront une chaîne qui se terminera fatalement par tel et tel point.

Les spectateurs intrigués rangent les dominos et constatent avec satisfaction que les points annoncés se trouvent finalement aux deux extrémités du jeu.

Le tour une fois exécuté, on remet adroitement le domino enlevé en ayant l'air de mêler le jeu. Si l'on est invité à recommencer, on enlève adroitement un autre dé et on annonce un tour beaucoup plus merveilleux.

On se retire dans une chambre et l'on prie une personne de ranger les dominos dans l'ordre régulier. Quand cette personne annonce que les dés sont tous placés en ligne, on nomme les points des deux extrémités, toujours d'après le domino qu'on a enlevé.

Du coup, vous passez au rang des sorciers

Le cerceau. — Les portes à péage.

Vous connaissez tous le cerceau ; voici une partie très intéressante que vous pourrez essayer à ce jeu. Un seul cerceau suffit, bien que six ou sept enfants puissent y prendre part.

On trace sur le sol un grand cercle mesurant dix à douze mètres de diamètre. Les *portes à péage* sont formées de grosses pierres placées deux à deux sur la circonférence, l'une en dehors du cercle, l'autre en dedans.

Tous les joueurs sauf un, désigné par le sort, prennent le nom de *péagers* et se postent chacun devant une porte.

Le dernier joueur est le *roulier* : il doit faire courir le cerceau tout le long de la circonférence avec obligation de passer aux portes, c'est-à-dire entre les pierres, sans toucher celles-ci. S'il touche l'une d'elles, il devient péager de la porte où il a butté, et le péager devient roulier. Si le cerceau tombe ou si le roulier le touche avec la main, le roulier change de situation avec le péager le plus proche des points où a eu lieu la faute.

On doit naturellement calculer la largeur des portes de façon à offrir au passage une certaine difficulté.

La prédication de l'exemple.

IL est rapporté dans la vie de saint François d'Assise qu'il prit un jour un jeune religieux et l'emmena avec lui en disant :

« — Mon frère, nous allons prêcher ! »

Ils sortirent. Après de longues courses dans la ville. ils rentrèrent au couvent.

« — Mon Père, dit le jeune religieux au saint, vous aviez dit que nous allions prêcher, et je ne vois pas que nous l'ayons fait.

» — Mon fils, répondit saint François, nous avons cependant prêché.

» — Comment, mon Père ? dit le religieux étonné.

» — Par notre modestie, » ajouta le saint.

C'est ainsi qu'il voulait faire comprendre à ce religieux, encore novice, que l'exemple équivaut souvent à une longue et bonne prédication.

Mon enfant, vous allez vous en convaincre par le trait suivant.

Au temps des belles missions au Japon, un religieux de la Compagnie de Jésus prêchait dans une ville, sur une place publique. Une foule nombreuse l'écoutait avec avidité, lorsque l'un des assistants lui lança au visage un ignoble crachat.

Le saint religieux, sans s'émouvoir, s'essuya et continua son sermon.

Les auditeurs, frappés d'admiration, se dirent alors :

« Une religion qui donne assez de force pour supporter sans se plaindre une telle ignominie, ne peut être que divine !... »

Et un grand nombre de païens se convertirent.

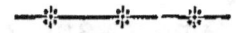

Pommes cuites.

A L'HOTEL :
— Madame, faites-moi donner des pommes cuites.

— Monsieur, avec bien du plaisir.

— Et, Madame, surtout avec du sucre.

Un conte chinois.

IL s'agit d'un pauvre diable de domestique qui a la mauvaise fortune de tomber chez un maître affreusement avare. Cet Harpagon chinois conclut avec lui cet arrangement qu'il ne le paiera que si tous ses ordres, quels qu'ils soient, ont été scrupuleusement exécutés.

Pendant quelques mois, tout va bien. Le maître ne réclame que les services ordinaires et faciles à accomplir. Mais, lorsqu'arrive le premier terme des gages, le maître commande à son serviteur de déplacer, dans la journée même, un puits qui se trouve dans la cour, et de le transporter dans la rue.

Naturellement, le pauvre hère ne se sent pas capable de venir à bout de cette chimérique besogne. Il espère être plus heureux à l'échéance du second terme. Mais il est tiré de cette illusion lorsqu'on lui ordonne, en une heure, de débarrasser une immense grange de tout le riz qu'elle contient. Il se console encore, toutefois, avec l'idée qu'il ne perdra pas, au moins, son troisième terme.

Mais, comme il se berce de ce rêve, l'avare, jouissant de ses ruses pour être servi gratuitement, lui intime l'ordre de ramasser toutes les ordures de la cour et de les manger.

L'infortuné domestique, berné de cette sorte, quitte son maître, les mains vides, et va raconter sa mésaventure à un ami.

— Ah! dit celui-ci, je vais lui offrir mes services, à cet avare, et je te garantis, moi, que je serai payé!

Il est engagé, en effet. A la fin du premier terme, le maître renouvelle, suivant le système qui lui avait déjà réussi, ses ordres impossibles, et soumet son valet à l'épreuve du puits à transporter, de la grange à vider et des ordures à manger.

— Très bien! répond à sa grande surprise le domestique.

Et le voilà qui prend une pioche et se met à frapper de toutes ses forces sur les fondations du mur qui entoure la cour.

— Si je ne fais pas un trou au mur, s'écrie-t-il avec aplomb, le puits ne pourra pas passer.

L'avare, effrayé, l'arrête et se déclare

satisfait. Pour ce qui concerne la grange, le malin domestique en entaille le bas avec une scie, pour faire écouler le riz à terre. Nouveaux cris d'effroi du maître, qui s'effraye de ces dégâts. Reste la condition des ordures à manger.

— Avec grand plaisir, dit le serviteur.

Et il allume tous les fourneaux de la maison, usant de grandes quantités de bois, rangeant sur le feu tout ce qu'il trouve de pots et de marmites.

— Vous m'ordonnez de manger des ordures, ajoute-t-il, je ne demande pas mieux, mais encore faut-il que je les fasse cuire.

L'avare, comprenant qu'un gaillard pareil le ruinerait, se décide alors à lui payer, en rechignant, des gages si chaudement disputés.

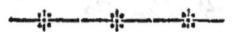

L'homme n'est pas libre.

UN philosophe voltairien voulait répandre sa doctrine antireligieuse, et s'était adjoint un domestique, assez bonne bête en apparence, mais possédant pourtant une certaine dose de bon sens. Dans un de ses discours, notre philosophe s'efforçait de prouver à son adepte que nous ne sommes point libres de nos actes, pas même, ajouta-t-il, de cracher à droite ou à gauche. En ce moment, par une malencontreuse coïncidence, une mouche enfile l'œsophage de Jacques (ainsi se nommait le domestique). Il se hâte de l'expectorer, mais si lestement et avec si peu de précaution que le résultat, copieux et compact, va s'appliquer sur un œil du philosophe et le lui bouche complètement. « Ah! butor, impudent, polisson, tu me craches à la figure ! — Oh ! Monsieur, lui dit Jacques, se jetant à genoux, je vous demande une *milliasse* de pardons ; mais je vois bien la vérité de ce que vous venez de dire : *Nous ne sommes pas libres de cracher à droite ou à gauche.* » Le philosophe *essuya*, non sans peine, les conséquences de son principe.

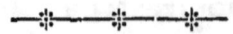

Je vous le donne en quatre.

LE baron des Adrets, capitaine huguenot, ayant pris une petite place aux catholiques, condamna les soldats qui l'avaient défendue à se précipiter du haut d'une tour de la forteresse. Un de ces infortunés guerriers s'avance deux fois au bord du précipice, et deux fois il recule pour ne point faire le saut fatal. « Allons donc, poltron, lui dit le baron, dépêche-toi, est-ce donc si difficile ? — Eh bien ! Monsieur, repartit aussitôt le soldat, puisque c'est si facile, je vous le donne en quatre. » Cette plaisanterie plut si fort au cruel baron, qu'il s'adoucit en faveur de l'infortuné et lui accorda la vie.

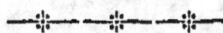

Mise en scène impossible.

UN acteur de société, qui ne savait pas l'orthographe, déclarait certain vaudeville impossible à représenter, parce qu'il y avait lu ces indications : LE COMTE DE CERNY *entrant avec dépit ;* — et LA BARONNE *sortant avec dédain.*

Comment ! s'était-il écrié, il va falloir se procurer des *pies* et des *daims ?* Pas moyen de monter cette pièce-là... il y a trop d'animaux dedans.

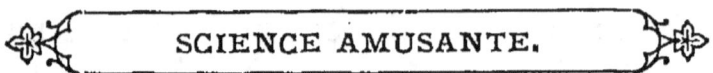

SCIENCE AMUSANTE.

En suivant les dispositions qu'indique notre gravure, l'on peut placer en équilibre toute espèce d'objets sur le coin d'une

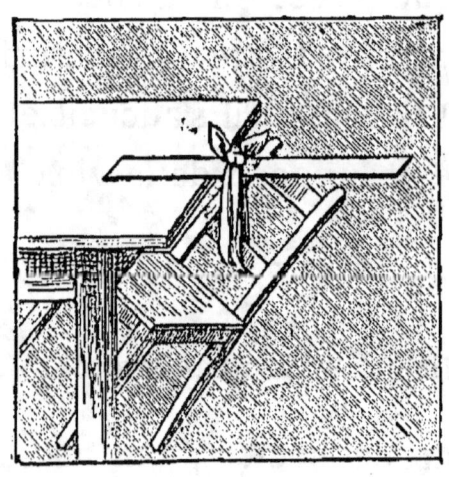

table ; il suffit d'une règle plate, d'une petite bande d'étoffe et d'un objet quelconque. Nous ajouterons aussi qu'il est nécessaire de s'armer de beaucoup de patience.

* *
*

Découpez dans du papier ordinaire un poisson d'environ 0,05 cent. ; pratiquez vers le

milieu une ouverture circulaire qui commu-
nique, par un canal étroit, avec la queue du
poisson. — Versez de l'eau dans un baquet
de forme allongée et placez le poisson à la

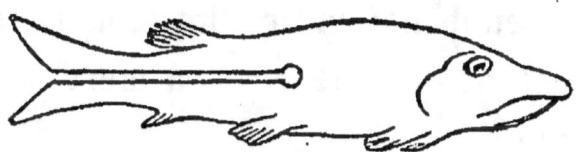

surface, la partie supérieure étant entière-
ment sèche. Si vous laissez tomber une grosse
goutte d'huile de lin dans le vide circulaire,
elle s'échappera par le canal et le poisson
avancera sur l'eau.

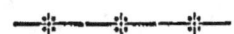

A la campagne.

Un fournisseur vient offrir des œufs de
mine suspecte.

On lui en fait l'observation.

— Ils ont pourtant été pondus ce matin,
fait-il... Il est vrai que mes poules sont un
peu vieilles !...

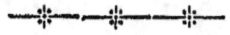

Quelques petites leçons amusantes.

UN fermier écossais voulut faire donner de l'instruction à son fils et l'envoya dans un pensionnat d'Édimbourg. Deux ans après, le jeune homme revint dans la ferme au moment où son père et sa mère se mettaient à table.

Après les embrassements d'usage, le fermier dit à son fils, tandis que la mère préparait un troisième couvert :

— Eh bien ! garçon, as-tu bien employé ton temps ? es-tu devenu savant là-bas ?

— Oh ! que oui, père, répondit l'écolier avec suffisance.

— Sais-tu compter surtout, garçon ? c'est là le principal.

— J'étais le plus fort en arithmétique, répondit le jeune drôle, et je puis vous donner la preuve que je sais faire des comptes que vous ne feriez pas vous-même.

— Voyons.

— Combien croyez-vous avoir de plats sur votre table ?

— Deux, répondit le père : un plat de

mouton, un autre plat de pommes de terre.

— Eh bien ! vous vous trompez... il y a
trois plats.

— Parbleu ! je suis curieux d'entendre ton
raisonnement à l'appui de ce compte-là.

— Rien de plus facile ; nous disons : plat
de mouton, un ; plat de pommes de terre,
deux ; j'additionne et je dis : un et deux font
trois.

— C'est juste, dit le fermier ; je vais donc
manger un plat, ta mère mangera le second,
et tu mangeras le troisième en récompense
de ton savoir.

*
* *

On reçoit aussi de temps en temps de
petites leçons dans la rue.

Un soir, je gesticulais en tenant un cigare
que je venais d'allumer.

Le feu se posa sur la main d'un passant,
qui jeta un cri de douleur.

Je n'étais pas d'humeur à m'excuser.

— Hé ! monsieur, dis-je au brûlé, c'est bien
de votre faute !

— Certainement, monsieur, me répondit-il avec douceur ; aussi allais-je vous faire des excuses.

* * *

Une autre fois, ce fut un charretier qui me donna à réfléchir.

Je passais dans je ne sais quelle rue de Montmartre.

Un butor abîmait son cheval. La roue de sa charrette était prise dans un trou, et le brave timonier ne pouvait avancer.

Il recevait dans les nascaux une multitude de coups de manche de fouet.

— Misérable ! dis-je au charretier, cessez de maltraiter ce cheval, ou vous aurez affaire à moi.

— Mêle-toi de ce qui te regarde, répondit l'homme.

A ce mot, je tombai sur lui à coups de poing, et je le roulai dans la boue.

— Ma foi, monsieur, reprit le charretier en se relevant tout confus, puisque vous êtes si fort, il aurait mieux valu pousser à la roue.

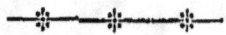

L'hôte qui paie l'écot.

QUATRE chevaliers d'industrie, gascons d'origine, ayant fait grande chère dans une auberge, firent monter le garçon et arrêtèrent avec lui le prix du repas. Le premier mit la main à la poche ; le deuxième le retint, disant qu'il voulait payer ; le troisième fit la même grimace, et le quatrième dit au garçon : « Je vous défends de recevoir de l'argent de ces messieurs, c'est moi qui paie. » Comme personne ne voulait céder, l'un d'eux s'avise de proposer un expédient : « Pour nous accorder, dit-il, il faut mettre un bandeau sur les yeux du garçon : celui de nous qu'il prendra payera l'écot. » La proposition fut trouvée lumineuse et mise à l'instant à exécution ; mais pendant que le garçon tâtonnait dans la chambre, voilà nos quatre rusés qui défilent l'un après l'autre. Le maître monte ; notre Colin-Maillard le prend et, le serrant étroitement, il s'écrie tout triomphant : « Ma foi, ce sera vous qui paierez l'écot. » Il ne se trompait pas : les autres étaient bien loin.

Les disques de Bénarès.

On raconte que, dans le grand temple de Bénarès, au-dessous du dôme qui marque le centre du monde, on voit, plantées dans une dalle d'airain, trois aiguilles de diamant, hautes d'une coudée et grosses comme le corps d'une abeille. Sur une de ces aiguilles, Dieu enfila, au commencement des siècles, 64 disques d'or pur, le plus large reposant sur l'airain, et les autres, de plus en plus étroits, superposés jusqu'au sommet. C'est la tour de Brahma. Nuit et jour les prêtres se succèdent, occupés à transporter la tour de la première aiguille de diamant sur la troisième, sans s'écarter des règles fixes et immuables imposées par Brahma. Le prêtre ne peut déplacer qu'un seul disque à la fois ; il ne peut poser ce disque que sur une aiguille libre ou au-dessus d'un disque plus grand. Lorsque, en suivant strictement ces recommandations, les 64 disques auront été transportés de l'aiguille où Dieu les a placés sur la troisième, la tour et les brahmes tomberont en poussière et ce sera la fin du monde.

Ça n'a pas l'air bien compliqué ; et cependant l'opération demande un nombre de déplacements égal à :

18 446 744 073 709 551 615.

18 quintillions et le reste !

Ce qui exigerait 15 milliards de siècles à raison d'une seconde par déplacement.

Nos lecteurs peuvent essayer de ce jeu en ne prenant que 8 disques de carton au lieu de 64. On perce ces disques de grandeurs inégales au milieu, et l'on plante sur un carton trois petites tiges de bois qui remplaceront les aiguilles de diamant.

En mettant en pratique la règle du jeu, on reconnaîtra vite que, pour déplacer 2 disques, il faut trois coups ; pour 3 disques, 7 coups, soit le double plus un ; pour 4 disques, 15 coups, le double plus un, et ainsi de suite. Pour déplacer les 8, on voit qu'il faut 225 coups.

Et si l'on a fabriqué deux exemplaires de ce petit jeu, l'on peut jouer à qui effectuera ce transport le plus rapidement.

FONTAINE JAILLISSANTE.

Voici un moyen de faire un jet d'eau avec des éléments très faciles à se procurer. Prenez un tube de macaroni que vous rendez imperméable à l'intérieur par un petit tampon de coton imbibé d'huile au bout d'un fil. Cela fait, roulez, aussi bien que possible, un cornet de papier, dont le bout flottant sera fixé avec un peu de cire. Coupez nettement avec des ciseaux le sommet de ce cône, et adaptez-le au bout du tube en macaroni, en ayant soin de le fixer avec du fil ou en faisant couler un peu de cire au fond du cornet. Maintenant videz un œuf, en le perçant de deux trous pratiqués aux extrémités du grand axe, et en soufflant par l'un d'eux. Introduisez par chacun de ces trous, jusqu'à affleurement de la paroi opposée, une paille assez grosse bien percée que vous fixerez à l'œuf avec un peu de cire rouge. Remplissez l'œuf aux trois quarts, en plongeant une des pailles dans le liquide et en aspirant par l'autre. Fermez alors l'extrémité aspirante d'un peu de cire ;

vous aurez ainsi préparé les deux organes essentiels de votre appareil.

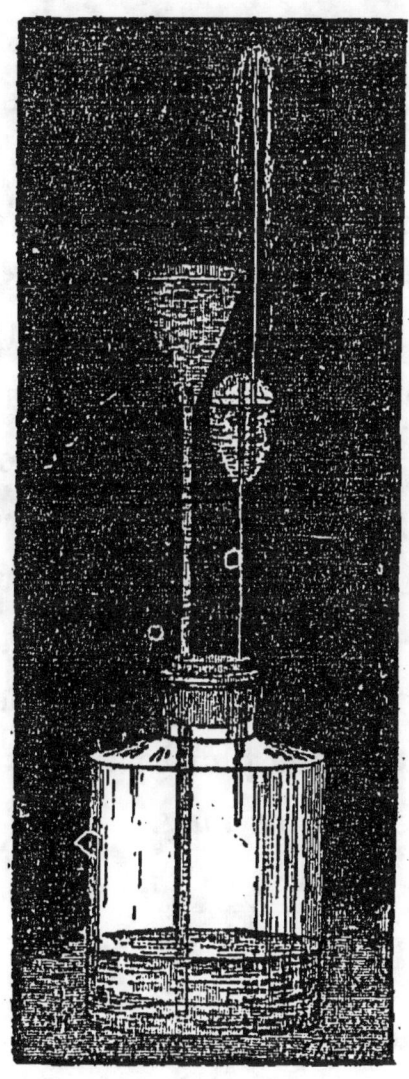

Prenez maintenant un flacon à large goulot ; avec une tige de fer rougie ou tout autre instrument, percez-en le bouchon de deux trous très écartés l'un de l'autre et de diamètres correspondant au macaroni et à la paille; introduisez-y le macaroni jusqu'au fond du flacon et la paille non bouchée à la cire jusqu'au tiers seulement. Votre appareil est achevé et prêt à fonctionner.

En effet, versons de l'eau dans l'entonnoir en papier; elle va tomber dans le vase inférieur et comprimera l'air. Mais cette augmentation de pression se transmettra par la paille du bouchon à la calotte supérieure de l'œuf. Versez toujours jusqu'à refus, et, à ce moment, coupez net, avec de bons ciseaux, le bout fermé de la paille supérieure; un jet magnifique s'échappera, et sa hauteur sera d'autant plus grande que le tube en macaroni sera plus long.

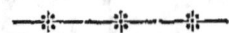

Le chasseur et le gendarme.

Monsieur Desessarts, célèbre acteur à la Haye, fut surpris à chasser sur les terres du stathouder. Un des principaux gardes, qui n'avait jamais vu ce comédien que dans des rôles de princes, l'ayant abordé pour lui demander de quel droit il venait chasser en ce lieu-là, l'acteur, sans se décontenancer, répondit avec l'air et le ton de la fierté la plus héroïque : « De quel droit, dites-vous :

> Du droit qu'un esprit ferme et vaste en ses desseins
> A sur l'esprit grossier des vulgaires humains. »

Le garde, étourdi du ton de la réponse, se retira en disant : « Ah ! c'est autre chose ; excusez, Monsieur je ne savais pas cela. »

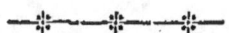

Procédé pour obtenir de belles plaques de verre dépoli.

Voici un procédé fort simple pour obtenir des plaques de verre dépoli d'une grande finesse et d'une grande régularité.

On verse de l'eau dans un verre jusqu'à moitié de sa hauteur et on y ajoute un peu de poudre d'émeri. On agite fortement et on laisse reposer pendant cinq minutes ; on décante dans un second verre où on laisse également reposer pendant cinq minutes, et on décante à nouveau dans un troisième verre où on laisse reposer jusqu'à ce que le liquide soit redevenu clair. Le dépôt qui reste au fond des trois verres est de la poudre d'émeri à différents degrés de finesse. Si l'on prend une plaque de verre bien propre et qu'on frotte successivement avec les trois espèces de poudre, en commençant par la plus grosse, on obtient finalement un verre semi-transparent d'une bien plus grande finesse qu'avec le procédé ordinaire. Ajoutons que ce procédé doit évidemment donner de bons résultats pour le polissage des métaux à la poudre d'émeri. Nos lecteurs nous sauront donc gré de le leur avoir signalé.

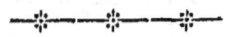

Le nez.

L E nez a donné lieu à un grand nombre de dictons :

On dit d'un perspicace : il a le nez fin, il a bon nez.

D'un poltron : il saigne du nez.

D'un esprit obtus : il n'a pas de nez.

D'un esprit borné : il ne voit pas plus loin que son nez.

D'un irascible : la moutarde lui monte au nez.

D'un irréfléchi : il n'a pas plus de nez que cela.

Des mystifiés : ils ont un pied de nez.

D'un jeune homme qui fait l'impertinent : si on lui tordait le nez, il en sortirait du lait.

L'indiscret fourre son nez partout.

L'insolent regarde les gens sous le nez, et l'impertinent rit au nez de tout le monde.

Les esprits actifs ont toujours le nez sur quelque chose.

Les impudents vous trompent à votre nez.

Que de gens raisonnent sur une chose sans y avoir mis le nez. Il faut donner sur le nez aux gens qui se mêlent de ce qui ne les regarde pas, et fermer la porte au nez des importuns.

S'agit-il d'un mari docile, les méchantes langues disent que sa femme le mène par le bout du nez.

Les niais se laissent tirer les vers du nez, et il y a des gens qu'on a toujours sur le nez.

Un article du Code.

UN paysan est venu consulter un avocat au sujet d'un procès qu'il brûle d'intenter.

« Vous perdrez votre temps et votre argent, dit l'avocat. Vous avez cent fois tort. Un article du Code vous condamne formellement. »

Le paysan saute sur sa chaise.

« Il y a un article ? et où est-il, le gueusard ?

— Tenez, le voici. »

Profitant d'un moment où l'avocat tourne la tête, le paysan déchire la page indiquée, la roule en boule et la fourre dans son gousset.

« Eh bien ! reprend l'avocat, êtes-vous convaincu à présent ?

— Dame ! puisque vous le dites, il faut bien que je vous croie, mon digne Monsieur. »

Il salue et s'en va chez un autre avocat, lequel accepte la cause, la plaide et la perd.

Comme il traversait la salle des Pas-Perdus, au sortir de l'audience, il rencontra le premier avocat qui lui dit :

« Vous n'avez pas voulu vous en rapporter à moi, et voyez ce que vous y avez gagné.

— J'ai perdu, c'est vrai, c'est bien étonnant.

— Ce n'est pas étonnant du tout ; ne vous avais-je pas averti qu'un article vous condamnait ?

— Eh ! c'est là précisément ce qui me confond. J'ai allumé ma pipe avec la page qui le contenait... Comment les juges ont-ils fait pour le connaître ? »

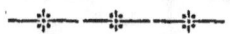

Le plat d'épigrammes.

M ONSIEUR DE B*** dit à un financier juif qu'il visitait : « Je viens de dîner avec un poët qui nous a régalés au dessert d'une excellente épigramme. » Aussitôt le Crésus, aussi ignorant que gourmand, fit venir son cuisinier : « D'où vient donc, lui dit-il, que tu ne m'as pas encore fait manger des épigrammes ? »

LA SCIENCE AU JARDIN.

L'OBSERVATION des phénomènes de la végé-
tation est toujours d'un vif intérêt et
fournit souvent la matière d'une véritable
récréation. L'enfant voit bien ce qui est au-
dessus du sol, mais il veut aussi savoir ce qui
se passe dedans. C'est afin de satisfaire cette
légitime curiosité que nous allons entretenir
nos jeunes lecteurs de la germination d'une
plante, d'un haricot par exemple.

Un pot à fleurs ordinaire, rempli de gravier
ou de petit sable de rivière, en fait tous les
frais. C'est dans ce maigre terrain que nous
avons semé nos grains en les y enfonçant de
quelques millimètres seulement. Une assiette,
placée sous le pot à fleurs, nous a permis d'y
entretenir une humidité constante.

Voici maintenant ce qui a fait l'objet de nos
observations pour le haricot. La peau s'étant
laissé traverser par l'eau, l'intérieur de la
graine s'est gonflé au point de faire éclater la
peau. Cinq ou six jours après, deux masses
charnues, les *cotylédons*, sortaient du gravier;

les deux moitiés de la graine se sont ensuite écartées peu à peu comme les deux pièces d'une charnière, et nous avions déjà la petite plante comme celle que représente notre gravure.

Le germe ou *embryon*, qu'on voit distincte-

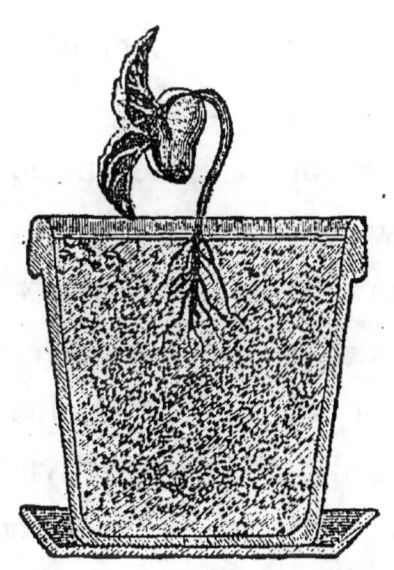

LA GERMINATION D'UN HARICOT.

ment en coupant en deux une graine, s'est développé dans deux sens à la fois ; de bas en haut pour la tigelle, et de haut en bas pour former les racines.

Pour que la germination ait lieu, il a fallu deux conditions d'abord : de l'humidité et de la chaleur ; mais il en a fallu une troisième ;

l'air était indispensable. Si en effet nous avions enfoncé d'un décimètre, par exemple, nos grains dans le sable, et si, en outre, nous avions rempli d'eau le vase après avoir bouché le trou inférieur, l'air n'aurait pas circulé et la graine aurait pourri au lieu de germer.

Le sable ne permettant pas de voir les racines, il faut opérer autrement si l'on veut en suivre le développement.

On se procure une carafe, un bocal ou une bouteille en verre clair, d'une capacité d'un litre au moins ; un flacon de deux litres conviendrait mieux ; on prépare un bouchon de la dimension du col de la bouteille, en le perçant comme l'indique notre gravure : le trou central, qu'on garnira d'un peu de coton, recevra la tige du haricot ; le second trou à gauche, marqué d'une flèche, permettra l'introduction d'un tube dont l'usage sera indiqué plus tard. Le bouchon étant ensuite coupé en deux parties égales, suivant son diamètre, l'appareil est prêt à servir.

Au moyen d'une lame de couteau, on enlève du pot à fleurs la petite motte de sable humide qui renferme les racines du haricot ; en la plaçant dans un verre rempli d'eau, le sable se détachera sans dommage pour la jeune plante, qui sera disposée comme l'indique notre gravure.

Il est bon d'opérer la transplantation peu

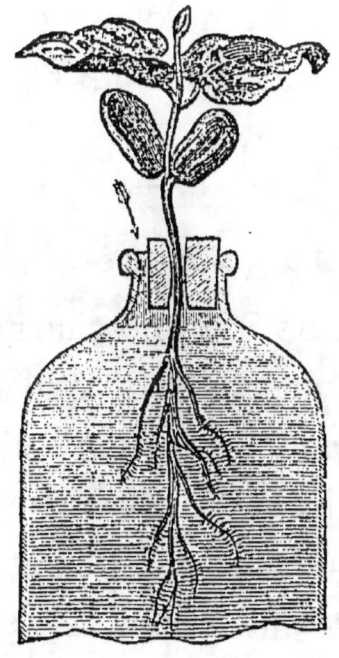

LA CULTURE DANS L'EAU.

après la germination, aussitôt que la radicule est assez longue pour pouvoir être fixée dans le bouchon. L'eau de la bouteille ne doit pas s'élever jusqu'au liège, mais seulement à quelques millimètres plus bas.

Quand le plant de haricot aura poussé deux

ou trois paires de feuilles, les cotylédons seront épuisés; si alors on laisse la plante dans de l'eau claire, elle ne tardera pas à mourir de faim; il faut donc mettre à sa portée les substances nécessaires à la confection de ses tissus. On pourra entretenir la vie du jeune haricot en jetant dans l'eau de la bouteille un petit fragment de salpêtre de la grosseur du haricot.

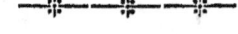

La pièce d'or.

MADELEINE DE S..., une charmante enfant de neuf ans, avait été placée par ses parents dans une institution religieuse. Son cœur s'ouvrait à toutes les vertus. Elle assistait chaque jour à la leçon de catéchisme, et elle l'écoutait attentivement. Le trait suivant montre comment elle en profitait.

On était à l'explication du jugement dernier, et la maîtresse cita les paroles de Notre-Seigneur aux élus : « *Venez, les bénis de mon Père, car j'ai eu faim, et vous m'avez donné à manger; j'ai eu soif, et vous m'avez donné à boire,* » etc.

Madeleine en avait été frappée.

Le soir même, son père vint lui faire une visite. Il avait l'habitude de lui apporter des bonbons ; il lui dit :

« Je n'ai pas eu le temps de t'acheter des bonbons aujourd'hui, Madeleine ; mais voilà une petite pièce avec laquelle tu t'en feras acheter. »

Et il lui remit dix francs.

L'enfant remercia son père affectueuse-ment, et lui demanda s'il la laissait libre de faire de cet argent ce qu'elle voudrait.

« Sans doute, lui dit M. de S..., je t'en donne la libre disposition. »

A peine la visite terminée, Madeleine court chez la religieuse, qui, le matin, avait fait le catéchisme :

« Ma mère, dit-elle, voici une pièce d'or que papa m'a donnée pour acheter des bon-bons ou en faire ce que je veux ; eh bien, je vous prie de me dire ce qui manque le plus à la pauvre femme N..., qui vient si souvent ici demander l'aumône : je l'achèterai et le lui porterai, car, au dernier jugement, le bon DIEU ne dira pas : « Viens au Ciel, Madeleine, parce que tu as mangé des bonbons, mais parce que j'avais faim et que tu m'as donné à manger, » etc.

Malgré quelques prudentes objections de la maîtresse pour s'assurer de la résolution de sa jeune élève, celle-ci se montra inébranlable. On acheta deux paires de draps, que Madeleine et ses compagnes confectionnèrent, et qu'elle porta joyeusement, avec plusieurs bons de pain, à l'indigente famille.

Une réponse de Jean-Bart.

JEAN-BART, amené à Versailles par le chevalier de Forbin, fumait sa pipe dans l'embrasure d'une fenêtre ouverte. Louis XIV, l'ayant fait appeler, lui dit : « Jean-Bart, je viens de vous nommer chef d'escadre. — Vous avez bien fait, Sire, » répondit le marin. Cette réponse ayant excité un grand éclat de rire parmi les courtisans, qui la trouvaient aussi absurde que brutale : « Vous vous trompez, Messieurs, leur dit gravement Louis XIV ; cette réponse est celle d'un homme qui sent ce qu'il vaut, et qui compte m'en donner bientôt de nouvelles preuves. »

Anecdote.

A L'ÉCOLE laïque :
Un professeur d'arithmétique en classe.

— Si un homme, qui marche à raison de 5 kilomètres à l'heure, accordait une avance d'un kilomètre à un autre, lequel ne marche qu'à raison de 4 kilomètres, et que tous les deux se mettent en route en même temps, où se rencontreront-ils ?

Plusieurs élèves en même temps :

— Chez le premier marchand de vins ! Monsieur.

Le médecin.

U N médecin de campagne va visiter un malade au village voisin.

Pour se désennuyer, il avait pris un fusil afin de chasser en chemin.

Un paysan le rencontre.

— Bonjour, docteur ; vous allez loin comme ça ?

— Voir un malade.

— Avez-vous peur de le manquer ?

LE GOURET.

CE jeu est une variante de la « balle à la crosse. » Il est pratiqué dans quelques parties de la France, où la balle est appelée *goure*, nom dont on a fait le nom du jeu. En Angleterre, on l'appelle tantôt *hockey*, tantôt *bandy*, tantôt *hurling*, selon les districts.

Voici les règles suivies en France, telles que les a données *l'Éducation physique*.

I. Le nombre des joueurs est variable de dix à trente, mais doit toujours être pair, afin de se prêter à la division en deux camps égaux, chacun sous le commandement d'un capitaine.

II. Le matériel se compose de quatre poteaux, de deux barres transverses en bois, de quatre petits drapeaux, d'une balle élastique (plus ou moins lourde, selon l'âge et la force des joueurs), enfin d'une crosse par joueur, c'est-à-dire d'une trique de 60 à 80 centimètres de long, légèrement recourbée à sa partie inférieure, ou terminée par une nodosité.

Les crosses peuvent être faites à la main, du premier bâton venu. Si l'on veut simplifier les choses, on se passe de drapeaux et de poteaux, en les remplaçant par des piquets.

III. Le terrain du jeu doit avoir environ 90 mètres de long sur 45 de large. Une cour

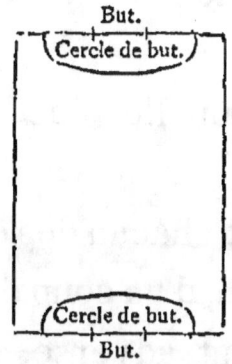

de collège, sans arbres, convient parfaitement.

IV. Aux quatre angles de l'aire mesurée au cordeau, on plante un drapeau. Les deux grands côtés du rectangle s'appellent « lignes de côté. » Les deux autres sont les « lignes de but. »

Les « buts » sont deux espaces de 3 1/2 mètres de long, marqués au milieu de chacune des lignes de but par deux poteaux que réunit, à deux mètres au-dessus du sol, une barre horizontale.

Devant chaque ligne de but et à la distance de 13 1/2 mètres, on trace une ligne de 3 1/2 mètres de long, les extrémités de cette ligne se continuant par un quart de cercle qui va rejoindre la ligne de but. Si les mesures sont bien observées, les poteaux de chaque but répondent au centre des arcs de cercle.

L'ensemble s'appelle, de chaque côté, « cercle de but. »

V. Il s'agit, pour chacun des deux camps, de faire passer la balle, d'un coup de crosse, entre les poteaux du but adverse, en ayant soin que la dite balle soit partie du cercle de but.

VI. Une première règle très importante à observer est de ne jamais lever la crosse plus haut que l'épaule. L'instinct des joueurs est d'ailleurs de la tenir constamment près du sol, pour être prêts à profiter des occasions qui se présentent de frapper la balle.

VII. Une autre règle essentielle est, pour chaque joueur, de se tenir toujours entre son camp et la balle. Sans quoi, il serait du « mauvais côté » et n'aurait plus droit à la toucher.

L'aspirant au volontariat.

L'EXAMINATEUR. — Vous désirez être interrogé sur l'agriculture ?

L'aspirant au volontariat. — Oui, Monsieur.

L'examinateur. — Eh bien, décrivez-moi un peu la herse.

L'aspirant au volontariat. — La herse ?

L'examinateur. — Sans doute. Vous n'avez jamais vu de herse ?

L'aspirant au volontariat. — Je vous demande pardon, Monsieur.

L'examinateur. — Alors, décrivez ; j'attends. (Après avoir attendu.) Je vois bien qu'il faut vous aider. Vous ne vous rappelez pas avoir vu dans les champs certaine chose en bois, armée de dents ?...

L'aspirant au volontariat (vivement). — Si ! si ! Où avais-je l'esprit ? (A part.) Une chose armée de dents. (Haut.) La herse ? Parbleu ! c'est une fourche.

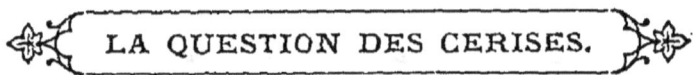

LA QUESTION DES CERISES.

ON prend une carte, et l'on y fait deux coupures longitudinales AB et CD, comme elles sont indiquées dans la figure ci-dessous ; il en résulte une petite bande qui demeure attachée à la carte par ses deux extrémités. Près de l'une des extrémités de

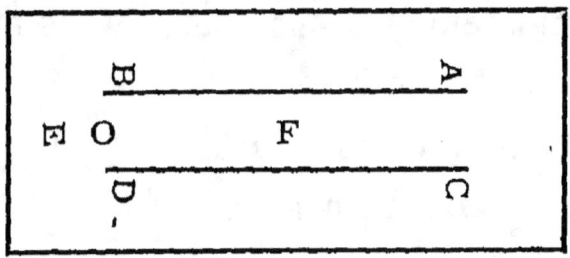

cette bande, on fait une petite ouverture ovale E ; on tire à soi la bande F, ce qui fait prendre à la carte une forme demi-circulaire ; on introduit d'une main dans l'ovale E le milieu de cette bande, que l'on saisit de l'autre main et que l'on tire doucement jusqu'à ce que toute la bande ait passé par l'ouverture. Dans cette position, la bande présente der-rière la carte la figure d'un anneau. On a

deux cerises unies par la queue, comme celles
dont les enfants se font des boucles d'oreilles ;
on introduit l'une de ces cerises dans l'anneau,
puis on fait passer les queues et la bande par
l'ouverture E et l'on redresse bien la carte.
On propose à quelqu'un de sortir de là ces
cerises sans leur arracher la queue et sans
déchirer la carte ; s'il n'emploie pas le moyen
dont on s'est servi pour les y placer, il n'en
viendra certainement pas à bout. Au lieu de
cerises on peut employer deux boules placées
aux extrémités d'un fil.

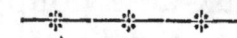

La route abrégée.

DEUX conscrits allaient de leur village au
chef-lieu de leur département, pour
tâcher de se faire réformer. Fatigués par la
longue route qu'ils avaient déjà faite, ils
s'adressent à un voyageur qu'ils rencontrent :

— Monsieur, combien de chemin nous reste-
t-il pour aller à tel endroit ?

— Dix lieues, répondit le voyageur.

— Bon, dit l'un de nos jeunes gens, ce n'est
que cinq pour chacun, ça ira vite.

LE TOUR DE LA MIE DE PAIN.

Voici une petite récréation de table, inoffensive, pourvu qu'on n'aille pas jusqu'à couper la nappe.

Après dîner, on est de bonne humeur ; on propose à son voisin de lui apprendre un tour. On roule entre ses doigts un peu de mie de pain, de façon à en faire un petit saucisson long de quelques centimètres, et l'on offre d'en faire 7 morceaux de 2 coups de couteau.

Exclamation générale : C'est impossible !

Alors vous prenez la mie de pain ; vous lui donnez la forme d'un fer à cheval, et vous donnez un premier coup de couteau de façon à trancher les deux bouts, comme l'indique le pointillé sur la figure ci-après.

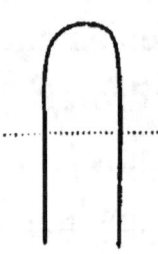

Vous disposez ensuite les deux bouts coupés à côté du fer à cheval restant, et vous donnez un deuxième coup de couteau à travers le tout

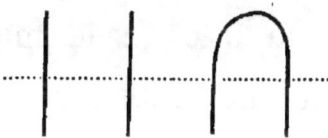

et vous avez vos 7 morceaux.

Ça n'est pas plus difficile que ça ; le tout, c'est de le trouver, n'est-ce pas ?

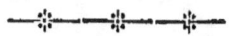

Le Badminton.

CE jeu est une modification du jeu du volant et un diminutif du lawn-tennis. On se sert pour jouer d'un volant et de raquettes. On place entre les joueurs un filet vertical par-dessus lequel le volant doit passer, ce qui force les adversaires à lancer le volant à bonne hauteur.

On trace aussi une enceinte en lui donnant 14 mètres de long sur 7 de large ; à deux ou trois mètres du filet de chaque côté sont les lignes de service. Le volant doit toujours les dépasser, sinon le fait de le manquer n'est pas compté pour une faute.

Chaque coup de raquette bien donné compte pour un point. Chaque faute efface un point. Sont comptées comme fautes : le fait de manquer le volant, de le lancer hors de l'enceinte, ou en deçà de la ligne de service, de toucher le filet.

On joue d'ordinaire en 15 points.

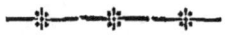

Chiens et Loups.

C E jeu se joue sur un damier de la manière suivante. Un des joueurs place 5 pions blancs sur la première ligne du jeu, l'autre joueur pose un pion noir sur une quelconque des autres cases. Le but des blancs est de poursuivre le noir, de le faire reculer et de l'enfermer de manière à l'empêcher de bouger. Le but du noir est de traverser la ligne des blancs. Les uns et les autres avancent d'une case à la fois, mais le noir peut se mouvoir dans tous les sens, tandis que les blancs ne peuvent pas reculer.

Ce jeu est assez compliqué, car la moindre faute des blancs permet au noir de passer ; mais la partie est très amusante.

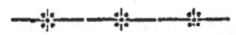

Anecdote.

Un grand gars se présente, un matin, chez un fermier, au moment de la moisson, et demande la haute paie, en alléguant « qu'il n'est jamais fatigué ! »

Vers midi, le fermier va faire un tour dans son champ et trouve notre homme mollement étendu sur une gerbe.

— Comment ! lui dit-il, vous prétendiez tantôt que vous n'étiez jamais fatigué, et je vous trouve couché sur le dos !

— Dame, répond l'autre, sans ça je serais fatigué comme tout le monde !

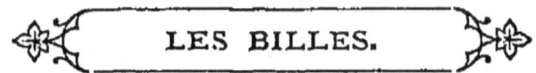

LES BILLES.

LES VILLES. — On trace sur un sol uni un carré de 1 mètre ou 1 mètre 25 de côté; aux angles, on creuse de petits « pots »; au centre, on en creuse un autre un peu plus grand et, si l'on veut, on peut en faire quatre petits sur le milieu des côtés. Les pots qui sont sur les côtés s'appellent les *bourgs*, ceux des angles les *villes*, celui du centre la *capitale*. La capitale est entourée de trois fossés, les villes de deux, les bourgs d'un seul; chaque pot reçoit le nom d'une localité.

A trois ou quatre mètres du jeu est tracée la ligne.

Il ne convient pas qu'il y ait plus de huit joueurs car le jeu devient languissant et la confusion est à craindre.

Les joueurs doivent tâcher de caler leurs billes dans un pot quelconque en dirigeant de préférence leurs efforts sur la capitale. La ville dans laquelle un joueur est parvenu à caler sa bille, devient sa possession. La prise de la capitale donne droit à certains avantages dont il sera fait mention plus loin.

Le but du jeu est, pour chacun, de défendre la ou les villes qu'il a prises et de s'emparer de celles de ses compagnons.

Si un joueur voit une bille dans le fossé d'une de *ses* villes, il tâche de la débusquer ; s'il la touche, il peut jouer trois fois de suite. Si la capitale se trouve parmi les villes pos-

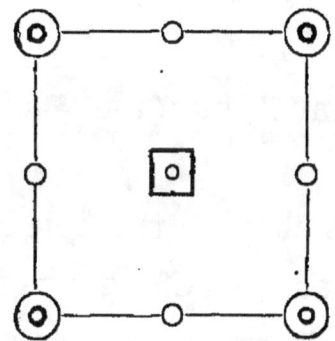

sédées par un joueur, celui-ci peut, pour les défendre, caler de celle de ses villes qui est attaquée.

Le propriétaire d'une bille touchée est exclu du jeu, s'il n'a pas de ville ; s'il a des *prises*, il place sa bille dans l'une d'elles pour être prêt à la défendre en cas d'attaque.

Le jeu cesse quand un joueur possède toutes les villes.

Anecdote.

Un paysan, chargé de fagots, criait par les rues : « Gare ! gare ! »

Un jeune homme, élégamment vêtu, ayant négligé l'avertissement, eut son habit déchiré. Là-dessus, grand bruit ; le jeune homme veut être payé de son habit, et porte sa plainte au commissaire. Le paysan, interrogé, ouvre sa bouche sans dire mot.

« Êtes-vous muet, mon ami ? lui dit le commissaire.

— Non, Monsieur, interrompit le plaignant, parce qu'il ne peut se défendre, il fait le muet ; mais quand il m'a atteint, il criait à tue-tête : « Gare ! gare ! »

— Eh bien ! dit le commissaire, que ne vous dérangiez-vous ? » Et il acquitta le paysan.

Le jeune homme, honteux et confus, jura, mais un peu tard, qu'on ne l'y prendrait plus.

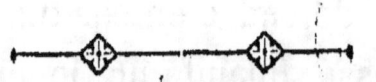

TABLE DES MATIÈRES.

www.ingramcontent.com/pod-product-compliance
Lightning Source LLC
Chambersburg PA
CBHW071537220526
45469CB00003B/813